图解精益质量管理

図解　基本からよくわかる品質管理と品質改善のしくみ

［日］西村仁　著
孟凡辉　译

机械工业出版社

本书系统地介绍了制造业的质量管理和质量改善技术，主要内容包括为什么质量对企业如此重要、什么是质量管理、防御性的"检查"和进攻性的"预防"、数值和图形、解决问题的有效方法，以及如何推进质量改善。通过这些内容全面地向读者展现了精益质量管理的全景。本书标题简约生动，内容由浅入深，而且时时对内容进行小结，即使是初学者也不会感到生硬。书中不但大量采用插图，而且每个插图都能基本做到自成一体，非常方便读者阅读和理解。

本书可供制造业的质量管理人员和工程技术人员参考，也可供相关专业在校师生参考。

Original Japanese title：" ZUKAI " KIHON KARA YOKU WAKARU HINSHITSUKANRI TO HINSHITSUKAIZEN NO SHIKUMI
Copyright © Hitoshi Nishimura 2015
Original Japanese edition published by Nippon Jitsugyo Publishing Co., Ltd.
Simplified Chinese translation rights arranged with Nippon Jitsugyo Publishing Co., Ltd. through The English Agency (Japan) Ltd. and Shanghai To-Asia Culture Co., Ltd.

This edition is authorized for sale in the Chinese mainland (excluding Hong Kong SAR, Macao SAR and Taiwan).
此版本仅限在中国大陆地区（不包括香港、澳门特别行政区及台湾地区）销售。
北京市版权局著作权合同登记号　图字：01-2021-2660 号。

图书在版编目（CIP）数据

图解精益质量管理/（日）西村仁著；孟凡辉译. —北京：机械工业出版社，2022.9
ISBN 978-7-111-71127-8

Ⅰ.①图… Ⅱ.①西… ②孟… Ⅲ.①企业管理-质量管理-研究　Ⅳ.①F273.2

中国版本图书馆 CIP 数据核字（2022）第 115035 号

机械工业出版社（北京市百万庄大街 22 号　邮政编码 100037）
策划编辑：陈保华　　　　　责任编辑：陈保华　高依楠
责任校对：张亚楠　王　延　封面设计：马精明
责任印制：单爱军
河北宝昌佳彩印刷有限公司印刷
2022 年 9 月第 1 版第 1 次印刷
148mm×210mm·7 印张·206 千字
标准书号：ISBN 978-7-111-71127-8
定价：49.00 元

电话服务　　　　　　　　　网络服务
客服电话：010-88361066　　机　工　官　网：www.cmpbook.com
　　　　　010-88379833　　机　工　官　博：weibo.com/cmp1952
　　　　　010-68326294　　金　书　网：www.golden-book.com
封底无防伪标均为盗版　　　机工教育服务网：www.cmpedu.com

译　者　序

　　几年前日本有一本现象级的畅销书,东京大学附属医院的研究员西内启所著的《统计学是最强的学问》。在该书的后记中作者写道:"可以切实地感受到幸福的人生,一定是一个可以自己掌控的人生。"其实质量管理也是同理,可以切实地感受到效果的质量管理,其管理对象的质量一定是可控的。当我们提到制造能力时,一般默认其包含两层含义:"能制造多少(效率)"和"能制造多好(质量)",精益制造的核心使命就在于使这二者充分可控。根据订单以及生产流程,需要多少就制造多少(Just In Time),根据产品特性和顾客要求设定过程能力指数 C_p 或 C_{pk}(简而言之,就是图样公差范围与制造误差范围的比值),需要多好就制造多好。不言而喻,本书的内容是关于后者的,也就是关于如何使"制造好"可控。现代质量管理的理论基础是统计学,也是前文提到的那本畅销书的主题。质量管理中的平均值、范围、偏差、误差、标准差等概念都来自统计学。本书中对这些都有详尽且易懂的解说。

　　在本书中作者多次强调,解决包括质量问题在内的任何问题的关键都是先将问题进行分解(Breakdown)。只有通过分解,才可以清楚地看到问题。鉴于此,本书的内容也是经过分解后呈现给大家的。书中的内容分为以下几个方面:提高顾客购买欲的 4P [Product(产品), Price(价格), Place(分销), Promotion(促销)], 创造利润的 Q(质量) C(成本) D(交付期), 售管费和制造成本, 设计质量和制造质量, 外部不良和内部不良, 维护和改善。这些内容几乎囊括了关于质量管理的所有领域。另外,关于解决问题时如何分解,书中介绍了在实际改善质量的活动中最常用的分解方法,也就是用 4M [Man(工人), Machine(设备), Method(方法), Material(材料)] 或加上 Measurement(测量) 的 5M 来分解。

在日本制造企业里，一般习惯将产品质量分为设计质量和制造质量；而我们生活中常提到的质量其实是指制造质量，是拿实际产品和设计图样相比较，两者越接近，质量就越高。而设计质量是指设计图样和用户需求的匹配度，同理，匹配度越高，质量就越高。那么，为什么我们在日常生活中会忽视设计质量的存在呢？这是因为设计质量低，也就是用户需求匹配度低的产品，我们根本就不会买。再进一步讲，制造质量的问题与其说是质量问题倒不如说是成本问题，因为制造质量低的产品，如果在投入市场后被发现，会涉及索赔或更换问题；如果在生产线上被发现，会涉及报废和返工的问题。另外，设计质量的问题其实也不仅仅是质量问题，其更接近营销问题，因为设计质量低的产品不好卖。由此可见，在日本的制造企业中，改善质量是解决一切问题的抓手。

另外，本书还详细地介绍了QC七大工具及其具体用法，推进改善工作时的态度也就是三实原则（实处，实事，实情），以及易制造性、并行工程等概念。尤其是易制造性，其对质量、成本和交付期都有好的影响，提高易制造性可以一石三鸟。

孟凡辉

前　　言

■ 对制造业来说最重要的就是质量

在我们的日常对话中，经常会用到"质量"这个词。令人满意的产品被认为是"质量好"，而性能差或出现故障的产品被认为是"质量差"。

对制造企业来说，质量是一个非常重要的因素。在企业的组织里，有不少部门的名称中带有"质量"字样，如质量控制部、质量保证部等，从这一点亦可见质量得到了高度重视。

除质量外，成本、交付期/生产周期（生产周期是指生产产品所需的时间）也是生产现场需要强化的项目，这些项目可以如实地反映制造企业的实力。

在本书中，我们首先明确了"制造所需的实力"，然后在此背景下，对质量的定位和质量管理的作用进行说明。

■ 从质量管理到质量改善

"管理"这个词内含"按部就班"的意思，给人的印象是略显僵硬和文绉绉，但质量管理其实是一种积极主动的活动。在任何一个生产现场，要保持完美的质量都是极不容易的，而质量管理的作用则主要体现在以下两个方面：

1）防止有不良品进入市场（导致顾客投诉和召回）。
2）打造一个能够有效避免产生不良品的生产现场。

要做到这两点，就必须积极主动地发现和改善当前存在的问题，并且及时地加以维护。在本书中，将向大家讲解质量管理的基础知识，然后以此为基础讲解质量改善，以求达到质量的理想状态。

■ 对于统计学知识来说，了解平均数和标准差就足矣

本书注重的是能在实践中应用的内容。例如，当提到质量管理时，你的头脑中可能会浮现出"统计学"，本书将其范围缩到最小，你只需理解"平均值"和"标准差"这两个知识项即可。

其实在实际操作中，这两个知识项就足够了。检定-推定、相关分析-回归分析以及实验计划法并不是日常使用的方法。倒不是因为这些方法太难，而是因为没有必要用。因此，这些方法在有需要的时候现学现用，或者交给统计专家去做就可以了。

此外，关于 QC 七大工具，本书以应用范围广的帕累托图等工具为重点，而像控制图这样只有在质量水平非常高的现场才有效的工具，本书只对其进行了简单的介绍。

■ 本书的读者

对于初次接触制造的新员工和年轻员工，希望大家能尽快地了解质量管理在生产中的重要性，以及为保证质量而在现场开展的各项活动。

对于中坚层员工，希望大家在了解了提高质量的具体途径和方法之后，尽快将其落实到提高质量的实践中去。

对于管理者层，希望大家重新整理自己关于质量管理的知识，并且以此为基础有效地支持和保障生产现场的质量改善活动。

另外，本书以图表的形式进行了通俗易懂的讲解，所以即使是文科背景的，或者从未接触过质量管理的读者，也可以通过阅读本书了解和掌握关于质量的基础知识。

■ 关于本书的术语

本书使用了质量管理领域常用的术语。质量管理标准 ISO 9001 的术语和措辞很难理解，但这并不是因为 ISO 的内容很难，而是因为它使用的表达方式与生产现场实际应用的术语不同。

例如，不符合标准和图样在 ISO 术语中被称为不适合品，然而，在许多生产现场，无论是过去还是现在都是使用"不良品"一词。

因此，在本书中，基本采用生产现场的术语，仅在必要时插入 ISO 术语的注释。

■ **本书的结构和阅读方法**

本书分为两大部分：第 1~3 章是质量管理的基础知识部分，第 4 章以后是实际应用的实践部分。

◆ 本书的结构 ◆

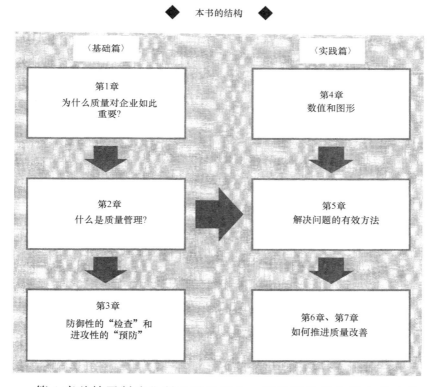

第 1 章总结了制造业所必需的能力，明确了质量在其中的地位。第 2 章通过将质量分为设计质量（目的质量）和制造质量（性能质量）来介绍质量，进而掌握生产现场在质量管理中的作用。第 3 章介绍了如何通过检查来甄别产品的良莠，以及如何预防不良品。

从第 4 章开始是实用篇，其中用实例说明了用数值来掌握现状的优势和如何使用这个方法。第 5 章讲解了对解决现场问题有用的方法，第 6 章和第 7 章介绍了具体实施质量改善活动的技巧。

虽然本书在结构上可以从任何一章开始阅读，但是建议首先简单地总览全书，以了解本书全局，之后，在实践中按照需求阅读相关章节。

人们通常认为质量管理只应用于制造领域，其实它对于一般的办公室工作和服务行业也是十分有效的。区别仅仅在于，对象是有形的产品还是无形的服务，质量的概念是完全一样的。为了让读者对质量管理的概念有更广泛的认识，在书中的某些部分也简单地介绍了包括服务业在内的其他行业的内容。

作　者

目　　录

译者序
前言

第1章　为什么质量对企业如此重要？

1-1　必须进行质量管理的理由 …………………………………… 2
都有谁向企业索取什么样的成果？/区分"进来的钱"和"出去的钱"/利润是"进来的钱"减去"出去的钱"/增加利润的三个方法/制造现场是降低成本的主体

1-2　抓好4P让顾客动心 ……………………………………………… 6
如何抓住自己的优势/激发顾客购买欲的4P是什么？/顾客既可以是普通消费者，又可以是企业

1-3　创造利益的QCD ………………………………………………… 8
卖出和盈利是两码事/减少"出去的钱"的QCD/制造现场对QCD负责/质量管理对C和D也有效果/提高组织能力，强化制造现场

1-4　成本的构成 ……………………………………………………… 12
总成本是三个指标的汇总/公司总部、销售、制造皆有成本/销售费、管理费与制造成本

1-5　分解制造成本 …………………………………………………… 14
从各项单价来看制造成本/制造成本的分类/制造成本计算举例/折旧费是指设备和工具的使用成本

1-6　通过管理优化QCD ……………………………………………… 17
管理不仅仅是指遵守规则/通过PDCA循环来改善/QCD的

另一个管理名称

第2章 什么是质量管理？

2-1 什么是质量？ ·································· 22
哪一方的质量更高？/质量取决于你的视角/由顾客决定质量的好坏

2-2 将质量分为设计质量和制造质量 ················ 24
制造包含"想法"与"做法"/想法的质量和做法的质量都重要/设计质量和制造质量的良莠之分/服务质量也不例外/分解质量的意义是什么？/设计质量决定制造的难易程度

2-3 质量管理与质量保证 ·························· 28
质量管理的管理内容是什么？/质量提高时成本怎么变化？/质量管理与质量保证的关系

2-4 什么是"不良"？ ···························· 32
"不良"是指制造质量不符合设计质量/外部不良和内部不良

2-5 掌握"不良"的发生率 ······················ 34
获取"不良"发生率的数据/判断不良品废弃与否的指标/判断不良品返工与否的指标

2-6 成品率的含义 ······························ 36
成品率是指材料的利用率/优化取料方法

2-7 将制造质量分为初始质量和经年劣化质量 ········ 38
如何保证伴随使用而产生的劣化？/用 MTBF 表示可靠性/用 MTTR 表示易维修性/用使用极限表示耐用性/加强维护以延长耐用性/日常维护的示例

2-8 质量管理的诞生与发展 ······················ 42
质量管理诞生于美国/日本引进质量管理的动因/全员参与是日本质量管理的特色/从 TQC 到 TQM/"自上而下"和"自下而上"的含义

2-9 什么是 ISO 9000 质量管理标准？ ·············· 46

ISO 是国际标准／获得质量管理标准认证的目的／ISO 9000 系列的 8 项原则／ISO 与 JIS 的关系／ISO 9001 认证的演进历程／利用 ISO 9001 的基本理念

小专栏 ………………………………………………………………… 50

第3章 防御性的"检查"和进攻性的"预防"

3-1 通过检查来防止顾客可见的外部不良 …………………… 52
顾客看到的不良是外部不良／外部不良造成损害的两种类型／首先靠检查阻止外部不良

3-2 以"检查"和"预防"双管齐下的方式来开展工作 …… 54
单纯的检查并不能解决问题／预防很重要

3-3 按对象划分的检查方法 …………………………………… 56
检查有三个作用／出货检查防止外部不良／通过上游工序检查来杜绝浪费／验收检查的目的／通过确认出货检查报告进行验收检查／工艺变更申请书是什么？／在制品检查的目的

3-4 按检查件数划分的检查方法 ……………………………… 62
根据检查件数制定的各种检查方法／什么是全数检查？／随机抽样检查／从特定位置抽样检查／通过文件审查进行间接检查与无检查

3-5 感官检查和破坏性检查 …………………………………… 65
感官检查的实例／破坏性检查以抽样检查为前提

3-6 质量成本的含义 …………………………………………… 67
质量成本的视角／计算质量成本在现实中很难／存在权衡关系／尽量减少检查和预防的成本

3-7 建立包含检查和预防两项功能的生产线 ………………… 70
6 条生产线的实例／各生产线的要点

小专栏 ………………………………………………………………… 74

第4章 数值和图形

4-1 利用数值和图形达到可视化 ········· 76
数值是反映制造能力的基础指标/如何做到可视化?/数值数据和语言信息

4-2 数值的优点 ········· 78
表格/图形

4-3 线形图的优点——使从过去到现在的变化可视化 ········· 80
通过线形图可以看到随着时间的推移而发生的变化/通过图形看100m跑的世界纪录/获得新的见解

4-4 线形图的优点——使未来的趋势可视化 ········· 83
用时间序列的线形图来预测未来/读图

4-5 使针对目标值的能力可视化 ········· 85
关注偏差和误差/将偏差和误差划分为不同的模式/表示目标值和偏差的容许范围的公差/如何读公差?/通过图形把握制造能力/数据的数量用 n 来表示

4-6 检查和预防的可视化 ········· 89
用直方图确认检查和预防的目标/最大限度地减少和目标值之间的误差

4-7 作为代表值的平均值 ········· 91
三种统计方法/计算平均值的公式

4-8 用范围表示误差 ········· 93
计算范围的公式

4-9 用标准差表示误差 ········· 95
标准差是与平均值之间差值的平均/步骤1 计算与平均值之间的差值/步骤2 计算与平均值之间差值的平方/步骤3 求和后除以数据个数/步骤4 开平方根/用标准差比较误差

4-10 $\pm 3\sigma$ 是一种具有实践性的统计方法 ········· 100

观察成年男性的身高分布/从标准差看百分比/在工作中使用标准差/用数值表示个人技能/用数值表示设备的能力/关于正态分布

4-11 表示生产良品能力的过程能力指数 ·············· 104

过程能力指数意味着生产的可靠性/过程能力指数的计算公式/过程能力指数的 5 个等级/C_p 和 C_{pk}/六西格玛（6σ）

4-12 改善偏差和误差 ·· 108

偏差容易处理，误差难处理/优先改善偏差

小专栏 ·· 110

第5章 解决问题的有效方法

5-1 充分利用标准方法 ·· 112

可靠的方法/本书中介绍的方法/并非所有的方法都需要使用

5-2 转动 PDCA 循环 ··· 114

如何高效行动?/什么是 PDCA 循环?

5-3 拓展想法的头脑风暴 ·· 116

头脑风暴的特色/四个独特的规则/推进技巧/总结的步骤要放在最后

5-4 对解决所有问题都有效的 QC 七大工具 ········· 121

QC 七大工具可全方位全场景使用/QC 七大工具与新 QC 七大工具/推荐使用帕累托图和时间序列的线形图

5-5 QC 七大工具——检查表 ·· 123

使用检查表的目的/用于调查的检查表的制作方法/图示调查位置/用于定期检查的检查表的制作方法/尽量减少日常检查表的检查内容/利用检查表进行定期检查和维护检查

5-6 QC 七大工具——帕累托图 ···································· 129

使用帕累托图的目的/如何读帕累托图/如何制作帕累托图/在实践中充分运用 Excel 表格/应该基于损失金额还是不良品的数量/优先级低的项目也需日后改善/改善后的结果也要用帕累托图显示/利用帕累托图/对解决任何问题都有效的方法

| 5-7 | **QC 七大工具——特性要因图** ·················· 135 |

使用特性要因图的目的/特性要因图的特点和用途/应用于调查原因/应用于预防/用 4M 对要因进行分类/特性要因图的制作方法/制作时的注意事项/使用特性要因图是最优选择吗?

| 5-8 | **QC 七大工具——图形** ······················· 140 |

图形的特点和种类/时间序列的线形图最容易上手/从时间序列的线形图中获取不良原因的线索

| 5-9 | **QC 七大工具——散点图** ···················· 143 |

使用散点图的目的/散点图的制作方法/散点图的六种模式/最小二乘法是一个方便实用的方法

| 5-10 | **QC 七大工具——直方图** ··················· 147 |

掌握偏差和误差/直方图的特点/直方图的制作方法/如何读直方图

| 5-11 | **QC 七大工具——分层** ······················ 152 |

有意识地分层/最基本的分层是按工序来分/分割数据/在检查表上记录调查条件的意义

| 5-12 | **系统图法(新 QC 七大工具)** ············· 154 |

新 QC 七大工具的特点/使用系统图法的目的/系统图的制作方法/系统图的应用

| 5-13 | **其他方法** ···································· 156 |

使用管理图的目的/管理图只有在高质量水平的现场才有效/什么是实验计划法和质量工程(田口方法)/检定-推定与相关分析-回归分析

第 6 章 如何推进质量改善(一)

| 6-1 | **质量改善需要团队的努力** ··················· 160 |

了解质量改善的技巧/质量改善需要由团队推进的理由/如何决定成员的构成和负责人的人选/团队活动也不需要每个人都参与/确定详细的实施流程

| 6-2 | 管理人员的作用 ··· 163 |

管理层需要适时做出决定/质量改善之外的现场改善需要优先进行/确保成员从事改善活动的时间/自上而下的进度管理

| 6-3 | 质量管理部门的作用 ·· 165 |

质量管理部门负责制定机制/由现场成员负责维护和改善

| 6-4 | 要解决的问题是什么? ·· 167 |

问题是指现状与理想状态之间的差异/没有问题的状况

| 6-5 | 解决问题的步骤 ·· 169 |

以 PDCA 循环为基础/原因分析是解决问题的关键/不要用检查(C)和处理(A)来淡化问题/持续修订工作标准手册/关于 QC 故事的注意事项

| 6-6 | 原因分析比探讨对策更重要 ··································· 173 |

人们会根据直觉制定对策/原因分析最重要/计算机输入错误的原因分析/抓住真正的原因/重复问为什么的理由/区分临时措施和永久措施

| 6-7 | 原因分析由纵向和横向两个方向开展 ······················ 177 |

原因不一定只有一个/从纵向和横向两个方向来分析原因/无论如何都找不到原因的情况

| 6-8 | 提高制造质量的推手是谁? ··································· 179 |

问题在现场表面化/上游流程的问题/销售的问题/制造方法在产品开发时确定/机械加工的加工条件由制造部门决定

| 6-9 | 传递易制造性 ··· 181 |

现场是信息的源头/在开发和设计阶段,积极让制造部门参与/积极利用设计评审机制/将问题彻底消除于初始期/DR 的管理要点

小专栏 ·· 184

第7章 如何推进质量改善(二)

| 7-1 | 解决问题的关键词是分解 ······································ 186 |

通过分解让问题可见/三实原则/不良率重叠造成的重大损失

7-2　数据收集的注意事项 ……………………………………… 189

数据收集应该规定时限/改善可能会导致数据变差/利用 Excel 表格/如果原因出在硬件技术，则应制定长期策略/如果原因出在管理，则应立即采取行动

7-3　从教育和培训开始 ………………………………………… 192

教育和培训要分开/如何进行教育和培训/检查教育和培训的成果

7-4　如何最大限度地减少人为因素的影响？ ………………… 194

工人之间的差异/以最佳工人为示范案例/拍摄视频要事先通知工人

7-5　感官检查的注意事项 ……………………………………… 196

发生外部不良时，强化检查标准/难住检查员的感官检查/感官检查存在重复检查的问题

7-6　Poka-yoke 防止无心之失 ………………………………… 198

每个人都会犯错/Poka-yoke 防止无心之失/Poka-yoke 对办公室工作也有效/什么是失效安全设计？

7-7　夹具化/自动化与质量改善 ……………………………… 200

对复杂加工工艺推进自动化是有效的/自动检查/用夹具减少误差/检查时也要利用夹具/装卸时同步目视检查的益处/推进自动化时要先考虑半自动化/图像处理检查的难点/多费两遍事导致大幅降低生产能力

7-8　推进质量改善的流程图 …………………………………… 204

推进改善的流程图

面向未来继续提升 …………………………………………………… 206

本书对于学习基础知识来说足矣/进一步加深学习/对制造业有帮助的书籍

结语 …………………………………………………………………… 208

第1章

为什么质量对企业如此重要?

1-1 必须进行质量管理的理由

首先以企业活动的目的为出发点,理解为什么要进行质量管理。

■ 都有谁向企业索取什么样的成果?

为什么需要质量管理?一言以蔽之,就是为了创造利润,在详细说明之前,先从宏观来看。

企业的使命是提供让顾客满意的产品和服务,但企业所面对的其实不仅仅只是顾客。许多利害相关方都需要相应的成果。

例如,员工希望得到有意义的工作和相应的待遇,股东希望得到股价的上涨和分红,供应商希望建立互利关系,而社会希望得到就业保障和企业税以及对应环境贡献等。

不言而喻,完成这些需求的前提是赚取利润。如果不赚取利润,就无法持续这些使命。换句话说,利润是企业实现自身目标的重要手段。

■ 区分"进来的钱"和"出去的钱"

看一家公司的资金流,可以看到有两种钱:进来的钱和出去的钱。

前者是通过提供产品和服务,从顾客那里得到的销售额,后者包括材料成本,员工工资,购买设备、工厂用地和建筑物所需的各种费用。此外,在支付所有款项后,公司还要缴纳近30%的企业所得税。⊖

⊖ 此处为原文的日本税率。

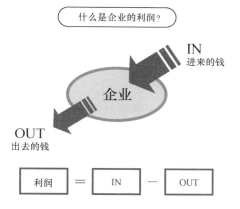

■■ 利润是"进来的钱"减去"出去的钱"

在这个资金流中,进来的资金(以下简称 IN)减去出去的资金(以下简称 OUT)就是利润。如果 IN 和 OUT 的金额相同,则利润为零;如果 OUT 大于 IN,则亏损。所以,需要通过增加 IN 和减少 OUT 来获取利润。

提高 IN 的问题是如何提高销售额,涉及的领域包括经营战略、产品开发和销售战略。

减少 OUT 的问题是如何提高效益,涉及的领域包括质量管理、成本管理、生产管理、生产技术和现场改善。

■■ 增加利润的三个方法

现在考虑一下增加利润的方法。

为了增加资金的流入(IN)需要:

① 提高销售量。

② 提高售价。

而为了减少资金的流出(OUT)需要:

③ 降低生产产品或服务所需成本(费用)。

这就是增加利润的三个方法。在企业经营活动中重点采取哪些措施,由高级管理层来决定。

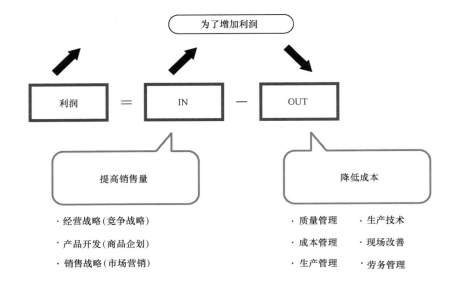

■■ 制造现场是降低成本的主体

以上的方法都是很好的切入口,但是存在如下问题:

① 因为大量生产和大量消费的时代已经结束,并且日本的人口持续减少,所以提高销售量并非易事。为此,很多企业都在积极地发展海外销售渠道。

② 提高产品的售价是一项艰难的商业决策,因为这对顾客来说意味着提价,所以存在销售量减少的风险。

所以,即使做了各种努力,这两个措施的成功与否最终还是取决于顾客的判断。另一方面,降低成本的措施就是第 3 项,不受顾客决策的影响,企业可以立即实施,而且其结果直接与利润挂钩。

下面即将学习的质量管理,就是通过高效生产产品来减少"出去的钱"。

(增加利润的3个方法及其现状)

IN 和 OUT	方法
增加 IN	① 提高销售量
	② 提高售价
减少 OUT	③ 降低成本

而现状是

① 大量消费的时代已经过去。
② 竞争激烈，提价困难。
③ 强化制造现场迫在眉睫。

第1章 为什么质量对企业如此重要？

1-2 抓好 4P 让顾客动心

在上一节考虑了增加利润的方法。接下来就来划分一下，公司为了增加利润所需要的能力。

■■ 如何抓住自己的优势

如果有朋友问你："说说你的优点和缺点吧！"你可能会感到疑惑，因为根据视角不同，这个问题会有很多不同的答案，比如说是关于你的性格还是关于你的体力等。所以你不知道该怎么回答。

在考虑公司的优势和劣势时也是如此，所以需要分别从吸引顾客购买方面的优势和创造利润方面的优势来分析。

■■ 激发顾客购买欲的 4P 是什么？

企业为了增加进来的钱，必须让顾客购买企业的产品和服务。为此，企业需要向顾客传达以下四点信息：

①"产品和服务"有魅力（Product）。
②"价格"适当（Price）。
③便于"分销"（Place）。
④能够吸引顾客的"促销点"（Promotion）。

括号中这些英文单词的首字母都是 P，所以在营销术语中被称为 4P。

产品要有吸引顾客的性能、功能和外观；价格要合理，也就是物有所值；商店的位置和产品的种类配置要便于分销；广告和商品目录要起到广泛宣传产品和服务的作用。

企业向顾客转递这四个要素的信息，顾客根据这四个要素做出购买决策。换句话说，如果企业的 4P 薄弱，顾客就不会买账。

■ 顾客既可以是普通消费者，又可以是企业

面向普通消费者和面向企业的产品开发风格是不同的。面向普通消费者（称为 B-to-C）时，必须创造自己企业固有的吸引力。人们常说，要做的就是创造出顾客想要的东西，但在今天这个富足的社会，顾客并不一定知道自己想要什么，而这也恰恰是产品开发的难点。因为无论进行多少次顾客调查，都很难得到创新性的方案。

另一方面，面向公司（称为 B-to-B）时，通常是由顾客提供具体的要求和规格。

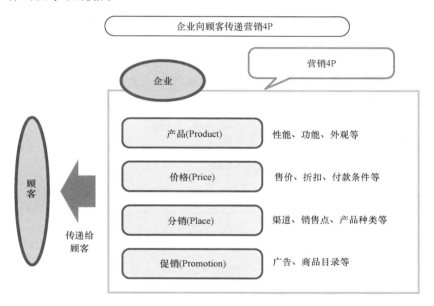

1-3 创造利益的 QCD

要让人们购买产品或服务,这是一个绝对条件。在此之上,下面来分析一下创造利润所必需的实力。

■■ 卖出和盈利是两码事

如果产品的 4P 做得很好,就足够吸引顾客,产品也会很受欢迎,甚至供不应求,但是这并不意味着赚了很多钱。

这一点从媒体关于企业的信息就可以看到。一方面,有的公司销售额高但利润低,也就是虽然卖得很好,但并没有赚到钱。另一方面,也有一些公司销售量小但利润高。不仅仅是利润额的比较,还有利润额与销售额的比值的比较,企业各有千秋。

换句话说,即使进来的钱再多,如果出去的钱也多,利润也会被挤压。那么,如何减少资金流出呢?

■■ 减少"出去的钱"的 QCD

QCD 是质量(Quality)、成本(Cost)和交付期(Delivery)的缩写。

质量是指按照设计图样进行制造的制造质量(这部分在第 2 章详细说明),在生产现场它一般表现为良品率。

这里的成本不是指售价,而是产品的制造成本,应尽可能地降低这个成本。

交付期以满足顾客期望的交货日期为目标。因为如果不能在顾客期望的交付期交付产品,顾客可能会立即改用其他公司的产品。为此,需要尽量缩短从开始生产到完成生产的时间,也就是所谓的生产周期。

如果生产周期较长,就很难满足顾客所期望的交付期,无奈之下,企业只能用库存来应对。然而,库存是广为人知的"七大浪费"

之首，保障存储空间以及相应的管理工作造成了大量的浪费。因此，需要通过缩短生产周期，在满足顾客期望的交付期的同时，最大限度地减少库存浪费。

■■ 制造现场对 QCD 负责

基于上述情况，在本书中，QCD 表述为比质量、成本和交付期更为具体的制造质量、制造成本、生产周期。制造现场是通过 QCD 创造利润的主体。

此外，前文介绍的让顾客购买产品的 4P 需要不遗余力地积极向顾客宣传，但是体现现场实力的 QCD 其实是商业机密。

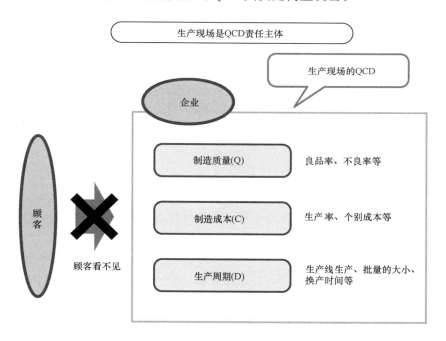

■■ 质量管理对 C 和 D 也有效果

质量管理担负 QCD 中制造质量 Q 的责任，但它不是唯一的责任主体。当生产变得稳定时，不良品就会减少。由于不良品需要废弃或返工，消除不良品就可以减少材料和人工成本的浪费，从而降低制造成本。此外,在生产不良品的现场,不可避免地要对这些不良品进行补产,这使生产能力恶化,而且由于生产量不稳定的问题,容易增加库存。此外,不良品的返工还会导致生产周期延长。

因此,提高制造质量 Q,可以同时得到降低制造成本 C 和生产周期 D 的效果。

有鉴于此,在 QCD 之中,"质量第一"常被用作标语。

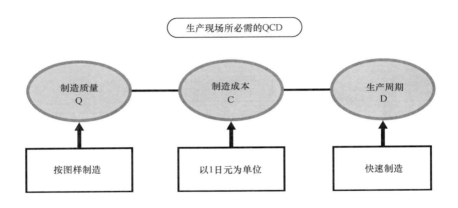

■■ 提高组织能力,强化制造现场

如上所述,通过把公司所需的能力进行分类,自身的强项和弱项一目了然。如果 4P 弱,顾客就不会购买自己公司的产品;如果 QCD 弱,公司就不会盈利。另外,这不是通过个人的努力就能实现的,需要整个公司组织的努力(也就是组织能力)。尤其是生产现场,因为涉及的环节和人员很多,哪怕有一个工人偷工减料,就会产生不良品,所以尤其需要很高的组织能力。

组织能力有很多种定义,如让全体员工认可的作为公司支柱的标语和理念,优化组织结构的规章制度,积累提高技能和知识的能力等。另外,员工提高技能的积极性也是组织能力的体现。

一般认为,日本企业在组织能力上比国外企业要强得多,这可能是源于日本人善于团队工作的基因。

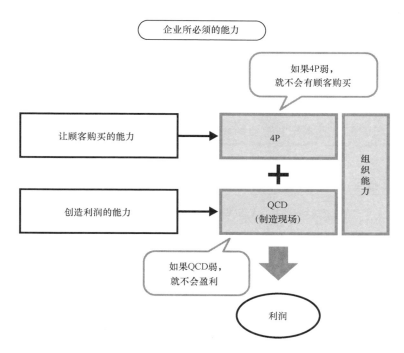

1-4 成本的构成

从公司出去的钱林林总总，下面来了解一下这些钱的明细。因为成本是制造业的重要知识。

■ 总成本是三个指标的汇总

一听到成本这个词，大家普遍会将其理解为记账的知识和财务的知识，会不自觉地认为它很难。其实对于质量管理来说，下面介绍的内容就已经足够了，所以请大家保持轻松的阅读心态。

成本是指生产产品或服务的成本（费用）。总成本是指包括产品的设计、制造和销售所需的成本总和。换句话说，售价和这个总成本的差额就是利润。

另外，不分行业或产品类型，总成本都可以概括为以下 3 项成本的总和。

总成本 = 公司总部成本 + 销售成本 + 制造成本

■ 公司总部、销售、制造皆有成本

公司总部成本是指公司总部产生的费用。例如，公司总部虽然不直接生产产品和服务，但是决定公司发展方向的企划部、管理资金的财务部和会计部、优化组织的人力资源部和处理行政工作的总务部都是重要的职能部门。这里所需的人员费用、总公司的土地和房屋所产生的费用及福利费用都是公司总部成本。

销售成本是指通过销售活动向顾客推销产品和服务时产生的费用。这其中包括电视广告和传单的费用、销售人员到全国各地销售时产生的差旅费等费用。

制造成本指的是上一节介绍的 QCD 中的制造成本 C，是指生产产品或服务时的纯粹成本。其中包括材料成本、工人和现场管理人员的人工成本、设备采购成本和工厂运营成本。

■ 销售费、管理费与制造成本

这三项费用在会计学上被分别称为销售费用、一般管理费用和制造成本。为方便起见,销售费用和一般管理费用被统称为销售和一般管理费用,通常简称为售管费。上市公司会披露这些费用的具体金额,有兴趣的读者可以通过查看公司的网站获取信息。

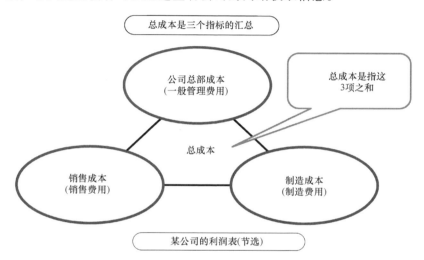

1-5 分解制造成本

通过进一步分解生产现场负责的制造成本,可以了解质量管理对哪些成本有效。

■■ 从各项单价来看制造成本

鉴于质量管理对制造成本的贡献很大,这里再详细地了解一下。分析生产一个产品所需的成本(也就是单位成本)有助于理解制造成本。

在这里介绍的内容称为管理会计,它不同于展示财务报表的财务会计,也不同于计算税金的税务会计,管理会计的目的是帮助管理层做决策。因此,管理会计的规则相对比较宽松,一般可以自由决定。

■■ 制造成本的分类

为了分析单位成本,首先需要对制造成本进行分类。虽然分类的方法有很多种,但一般分为材料费、人工费、折旧费、其他费用4类。

材料费是指购买原材料和半成品的费用。半成品是指正在生产过程中的产品,这些产品是从公司外部购进,之后在公司内部进一步加工为成品。人工费是指雇佣工人和管理人员所需的费用。折旧费是指设备和工具的使用费用,其他费用是指工厂运行的电费、水费和天然气费等。

■■ 制造成本计算举例

来看一个简单的例子。材料成本一般比较容易理解。可以由原材料的采购成本来计算单位成本。如果原材料每千克为1000日元,每件产品使用500g,那么每单位的材料成本为500日元。

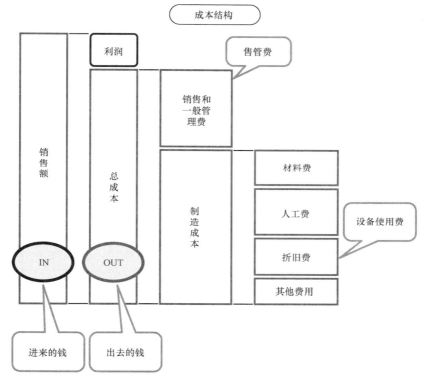

人工成本也按每件产品换算。一家公司的每小时的人工成本，称为人工成本率（日元/h）。

将人工成本率乘以生产一个产品所需的工时数。也就是：

人工成本（日元/件）= 人工成本率（日元/h）× 工时（h/件）

假设人工成本率为 5000 日元/h，那么人工成本是 5000 日元/h × 1.5h/件 = 7500 日元/件。

折旧费是指设备和工具的使用成本

折旧费是一个会计术语，虽然听起来比较复杂，其实它指的就是设备的使用费用。其是将生产中使用的设备、夹具和工具、厂房等产生的费用折合到每件产品。

例如，假设用 100 万日元购买的设备计划使用 10 年，如果每年可以生产 1 万个产品，那么每个产品的设备使用成本就是 100 万日元/10万个=10日元/个。换句话说，在生产量达到10万个之前，每个产品的折旧费按10日元记入制造成本。

如果设备维护得当，可以生产10万个以上。那么，该设备的购买成本将在第10万个产品时完成回收，从第100001个开始，折旧费用为零。由于零折旧意味着利润增加，所以继续小心翼翼地使用旧设备对提高利润的贡献很大。

折旧费的概念

○ 设备采购费用1000000日元(实际值)
○ 总产量　100000个(购买设备时假定值)

□ 单位产品折旧费(设备使用成本)的计算公式
○ 1000000日元/100000个=10日元/个
○ 换句话说，制造一件产品的设备使用成本是10日元，自然包含在制造成本中
○ 如果按计划销售了10万个产品，就可以回收设备的全部购买成本，而从第100001个产品开始，设备的使用成本为零

1-6 通过管理优化 QCD

通过以上内容，了解了制造企业所需的实力。以下内容是如何通过管理提高这些实力。

■■ 管理不仅仅是指遵守规则

正如在前言中介绍的那样，管理给人的印象是"按部就班"，然而在实践中管理不仅仅是这样。管理的作用还包括改善，以进一步增强优势和克服弱点。所以，可以把管理划分为维护和改善两个方面的内容。

维护是指保持原来的水平，改善是指改正不好的地方，使之向好的方向发展。如果改善的效果可以得到确认，企业自然就会维护它。换句话说，维护和改善的关系就像一辆车的两个轮子的关系。

■■ 通过 PDCA 循环来改善

进行改善时，应按 PDCA 循环的顺序进行。PDCA 是计划（Plan）、执行（Do）、检查（Check）、处理（Action）这四个词的开头文字。

计划确定目标和指标，并制定实现目标的方法。执行是按计划执行。检查是检查和评价目标是否实现。处理是指，如果实现了目标，就会建立一个"工作标准"（见图）来维护这个水平，并创造一个大家都能以同样的方式来工作的环境。如果没有达到目标，要调查原因，再次考虑对策方案。

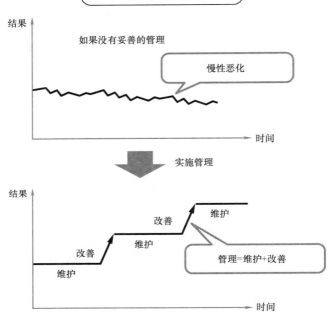

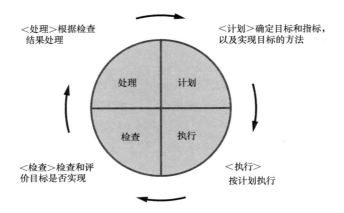

(工作标准书的范例)

工作标准书		工序名	组装		管理号码	KT-NH-1508
		品名	HK-A		制订日期	20××/×/×
No	工作顺序	对象	规格	使用个数	照片	
1	准备相关规范文件	现品票清单				
2	准备相关零件	A产品	NJ-0306	1个		
		轴a	NK-1116	2个		
		轴b	NK-0905	4个		
		贴纸	NH-1226	10张		
		双面胶	NT-0103	10张		
3	将A产品设置在夹具上 目测右图所示的两个位置彼此互相接触①	A产品	NJ-0306	1个		
		A专用夹具	J-A	1个		
4	将轴a插入产品A的右孔中 用手指按到产品A底部①	轴a	NK-1116	2个		

① 本书中无此内容。

■ QCD 的另一个管理名称

　　高效制造产品所需的技术，既有机械、电气电子等方面的硬件技术，也有关于优化组织结构的管理技术。

　　QCD 属于后一类的管理技术，而对每一项管理做进一步分析可以看到，对制造质量 Q 的管理可以称为质量管理，对制造成本 C 的管理可以称为成本管理，对生产周期 D 的管理可以称为生产管理。

　　此外，支持 QCD 的管理还有其他类型的管理，如对人员进行管理的劳务管理，对外购原材料和半成品进行管理的采购管理，对定位工件夹具、工具、模具、生产设备进行管理的设备管理等。

　　对以上各项汇总就是，提高整个工业流程效率的学科是工业工程学，通常简称为 IE，日文名称是"经营工学"。

　　这里的 IE 是广义上的 IE，狭义上的 IE 是指对工人的工作进行详细分析和优化的方法，比如运动分析。

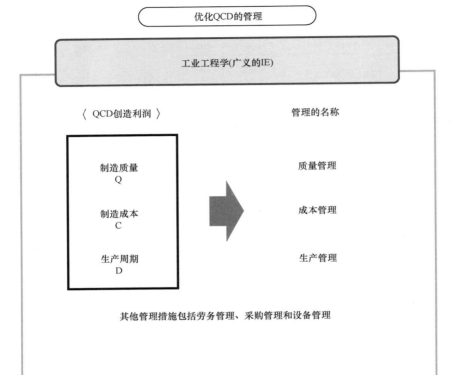

第 2 章

什么是质量管理？

2-1 什么是质量？

再来思考一下到底什么是质量？在这里先回顾一下质量的定义。

■■ 哪一方的质量更高？

在日常对话中，经常会用到"质量"这个词，但每个人对它的理解却不尽相同。这里以大家熟悉的自行车为例，比较一下竞赛自行车和普通自行车。

设计精良又轻便的竞赛自行车，虽然可以高速地长距离骑行，但是它既不能载物，又没有挡泥板，从而容易受到雨水的影响，而且价格昂贵。

而普通自行车虽然设计平常，骑得也不快，但是价格低廉，又能载物。这两种自行车哪种质量更好呢？

■■ 质量取决于你的视角

这个问题的答案，取决于你想要的是什么。如果你追求的是酷炫和速度，你就会想要一辆竞赛自行车，而如果你追求载物这样的实用性，那么你需要的就是普通自行车。

所以，有许多看待质量的不同角度。关于质量，有一个广为人知的，哈佛商学院的加文教授给质量做的分类，他将质量分为以下五类：

① 最高级的质量：人的五个感官全都同时感受到美感。
② 产品视角：优越的性能和功能。
③ 顾客视角：满足顾客的需求。
④ 制造视角：产品的制造符合设计图样。
⑤ 价值视角：性价比高。

比较两种自行车

竞赛自行车　　　　　　　　普通自行车

优点：
- 设计精美
- 轻便
- 可以高速地长距离骑行

缺点：
- 不能载物
- 没有挡泥板易受雨水影响
- 价格高

优点：
- 结实耐用
- 可以大量载物
- 价格低廉

缺点：
- 设计平常
- 沉重
- 很难长途骑行

哪个质量更高？

顾客满意的就是高质量的，所以要看顾客的要求。因此，高质量与否不是由企业决定的，而是由顾客决定的。

▆▆ 由顾客决定质量的好坏

这样一来，质量的好坏就会因采取哪种视角而改变。

因此，作为日本国家标准的JIS标准，将质量定义为上文提到的分类③，即从顾客的视角出发，满足顾客的要求——顾客满意度。质量不是由企业决定的，而是由顾客决定的。无论一个企业如何说其产品质量过硬，如果顾客不满意，就不能称为质量好。

2-2 将质量分为设计质量和制造质量

学习质量管理时的重中之重是区分"目标质量"和"实际质量"。

■ 制造包含"想法"与"做法"

质量是由购买产品或服务的顾客的满意度来决定的,但对于提供产品或服务的企业来说,需要从两个角度来看待质量。

在制造过程中,首先要"想"给顾客提供什么,然后按照这个思路去"做"产品。

如果想法或者说创意的内容不好,就很难吸引顾客,产品也卖不出去。另一方面,虽然想法很好,但是做出的实际产品和想法有出入,那么顾客也会不满意。

■ 想法的质量和做法的质量都重要

这样一来,企业在想法和做法上都需要高质量。前者被称为设计质量或目标质量,后者被称为制造质量或实际质量。

换句话说,设计质量(目标质量)是指具体地考虑性能、功能和外观对顾客的吸引力,并将这些想法表达出来的规格和图样的质量。这是策划和开发的流程质量,由策划、开发和销售部门负责。

另一方面,制造质量(实际质量)是指按规格和图样生产产品,既不超标,也没有不足。这是在生产现场创造的质量,由制造部门负责。

换句话说,企业追求的是高综合质量,兼具高设计质量和高制造质量。

■ 设计质量和制造质量的良莠之分

举例来说,如果顾客在商店里或在商品目录上看到某件电器时,觉得它很有吸引力，那么就可以说该产品的设计质量很高，如果购买后能达到产品说明书上写明的功能和性能，那么就可以说制造质量也很高，顾客就会满意。

但是，如果因为感受到吸引力而购买的产品，在拆开包装后，却有划痕，或者存在开机后不能使用等问题，那么顾客就不会满意。在这种情况下，可以说是设计质量很高，但制造质量很差。

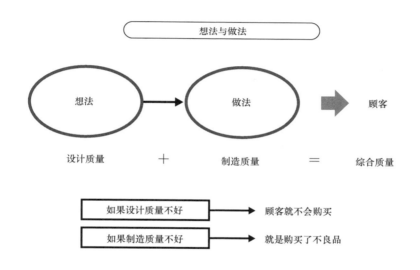

■■ 服务质量也不例外

服务也完全一样。假设策划一个北海道的美食旅游的服务项目，虽然收到了很多的顾客申请，但实际的菜品比宣传册上的少，而且也不好吃，那么就无法满足顾客的需求。在这种情况下，显然是在出色的设计质量与制造质量之间出现了问题。

假设一家度假酒店为了让顾客满意，制作了一本顾客服务手册。即使酒店工作人员完美地按照手册进行操作，但是如果手册本身的内容不足，顾客也不会满意。这个案例就是典型的设计质量高，制造质量低。

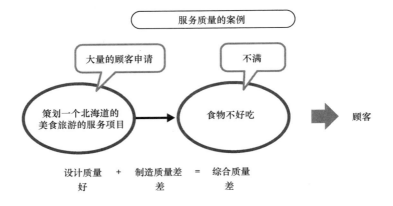

■■ 分解质量的意义是什么？

通过这种方式将质量分为设计质量和制造质量，我们可以做到以下措施：

1）明确分工和责任。
2）通过两者的结合来追求高综合质量。
3）出现质量问题时，容易采取相应的对策。

在上面提到的美食之旅的例子中，不能因为顾客不满意就直接停止项目，而是要在保持高设计质量的同时，提高出现问题的制造质量，即让食品好吃，达到让顾客满意。

■■ 设计质量决定制造的难易程度

易制造性是制造现场最重要的因素。如果容易制造，就可以低成本且快速地制造出好产品。易造性对制造质量 Q、制造成本 C、生产周期 D 都有好的影响，可谓一石三鸟。易制造性的概念如下：

1）零件易于加工。
2）产品易于组装，便于调试。

需要说明的要点如下：

1）需要将形状设计成易于加工，如此一来，并不需要先进的加工技术，只用一般的加工机器就可以完成加工工作。
2）并不是指简单的拧螺钉，有些产品在组装时还需要加热或加压，理想的状态是这些工艺都不需要复杂的工序。

不言而喻，易制造性是由产品的设计质量决定的。

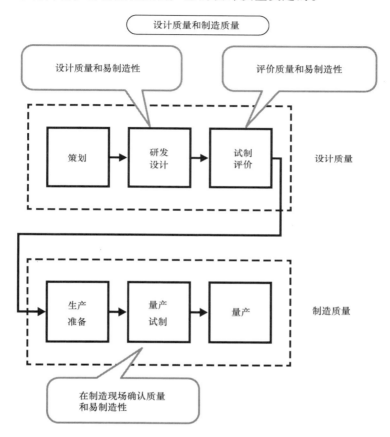

2-3 质量管理与质量保证

> 质量管理就是管理制造质量。按照规格和图样生产，既没有多余，也没有不足。

■ 质量管理的管理内容是什么？

在 2-2 节中，将质量分为设计质量和制造质量。那么，该怎么分别称呼、维持和提高这两项质量的管理呢？笼统地冠之以管理的话，可以称为设计质量管理和制造质量管理，但在实际工作中，设计质量管理被称为产品开发或商品开发，制造质量管理被称为质量管理。

如果书名中含有"产品开发"或"产品策划"等字样，那么其内容一般以设计质量为对象，重点是如何创造出好卖的商品和服务。

而如果书名中带有"质量管理"的字样，那么一般其针对的是制造质量，关注的是如何更有效地制造产品和服务。按照这个定义，本书是关于制造质量管理的书籍。

虽然"产品"和"商品"这两个词经常互换使用，但"产品"指的是有形的制成品，而"商品"指的是整个销售对象，包括有形的物品和无形的服务。换句话说，产品包含在商品之中。

■ 质量提高时成本怎么变化？

一般比较形象的说法是，提高质量会增加成本，但如果按照前文介绍的方法把质量分解，就会有以下不同的看法：

1) 设计质量越高，成本越高。
2) 提高制造质量反而可以降低成本。

质量	成本(制造成本)
设计质量Up ↗	成本Up ↘
制造质量Up ↗	成本Down ⬊

质量与成本之间的关系

提高设计质量就意味着提高性能或者增加功能从而吸引顾客，所以成本不可避免地会上升。不过，这并不是问题，因为售价也可以相应地定得更高。

提高制造质量则意味着减少不良，从而可以降低成本。而且，在这种情况下没有必要降低售价，所以降低的成本直接转化为利润。

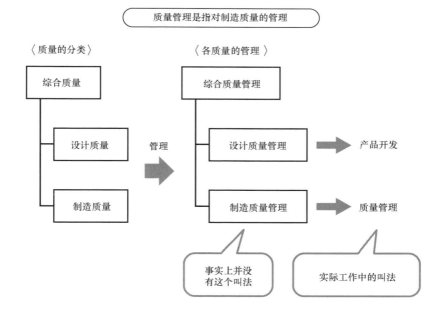

质量管理是指对制造质量的管理

▌质量管理与质量保证的关系

说到质量，除了质量管理，还有另一种说法是"质量保证"，下面来看看两者之间的区别。

关于质量管理和质量保证的定义有很多种，因文献的不同而不同。在日本的国家标准 JIS（旧 JIS Z 8101）中，质量保证是指"生产者为保证充分地满足消费者的质量要求而进行的系统性活动"，简言之，就是必须向顾客保证质量。为此，质量保证不仅要保证制造部门的质量，还要保证设计和销售部门的质量。

因此，质量管理与质量保证的关系，可以理解为运用质量管理的手段来达成向顾客保证质量的目的。

下一页将介绍 JIS 中的质量、质量管理、质量保证的定义，供读者参考。

另外，JIS 标准会不时地进行修订。因此，为了方便区分修订前后的标准，把修订前的标准称为旧 JIS 标准，把修订后的标准称为 JIS 标准或现行 JIS 标准。

质量的定义

[JIS Q 9000]
固有内在属性的集合体，满足要求的程度。
要求是指明确说明的、一般情况下不言而喻的或作为义务要求的需要或期望。

[旧JIS Z 8101]
为确定产品或服务是否符合其预期用途，而需要进行评价的对象的全部固有属性、性能。

质量管理的定义

[JIS Q 9000]
质量统筹的一部分，重点是满足质量要求。质量统筹是指在质量领域，通过对组织进行指挥，达到管理目的各种有计划的活动。

[旧JIS Z 8101]
经济地生产符合买方要求的质量的产品或服务的方法体系。

质量保证的定义

[JIS Q 9000]
质量统筹的一部分,其重点是提供质量是否满足要求的实证。

[旧JIS Z 8101]
生产者为确保完全满足消费者的质量要求而开展的有计划的活动。

2-4 什么是"不良"?

在生产现场经常听到的"不良"是根据什么标准来判断的？需要把这些不良也分开来理解。

■ "不良"是指制造质量不符合设计质量

制造质量的判断标准是代表设计质量的规范和图样。如果一个产品符合这些标准，就是"良品"，而如果不符合这些标准，就是"不良品"。

另一个视角是质量过剩。质量管理的目的是按照规范和图样要求生产，使产品既不超标，也没有不足。超标的部分对顾客有利，因为它超过了判断标准，换句话说意味着更高的质量，但对企业来说，因为它是过剩的，有时也是挤压利润的因素。

因此，企业的管理目标是既不超标，也没有不足，概括如下：

> 设计质量<制造质量=良品（但质量过剩）
> 设计质量=制造质量=良品（理想状态）
> 设计质量 > 制造质量=不良品

另外，在国际标准 ISO 术语中，良品被称为合格品，不良品被称为不合格品。

■ 外部不良和内部不良

不良分为外部不良和内部不良。外部不良是指已经出厂，并投放到市场的产品的不良，一般会导致投诉或召回。内部不良是指通过内部检查发现的不良，所以也被称为线上不良，一般需要废弃或返工。

虽然外部不良和内部不良的成因是一样的，但需要区别认识它们。

外部不良不仅需要花费大量的时间和精力来处理，而且由于不良品已经到达顾客手中,所以对公司的信誉也会产生负面影响。内部不良因为是在生产现场处理,所以顾客看不到,但对企业来说,废弃或返工造成的材料和人工成本损失会减少利润。因此,内部不良的概念更多是关于成本而不是关于质量。

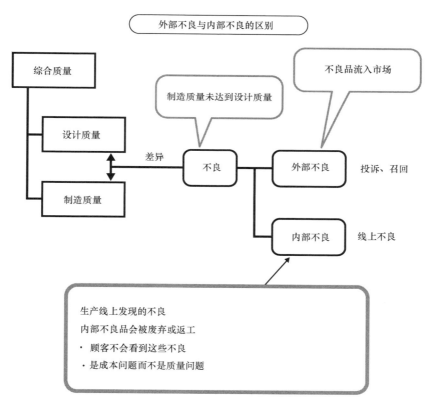

2-5 掌握"不良"的发生率

目标是零不良。用良品率、不良率来表示企业目前的实力。

■ 获取"不良"发生率的数据

既然外部不良是指产品出厂后发现的不良，其发生率只能用顾客投诉量来衡量，由于并不是所有的顾客都会提出索赔，所以很难得到一个准确的数字。

另一方面，通过内部的在制品检查和出货检查可以掌握内部不良的发生率。问题是该如何量化呢？

在实际工作中，良品和不良品的指标用良品率和不良率来表示。下面分别来看一下不良品的废弃情况和返工情况。在ISO的术语中，不良率被称为不合格率。

■ 判断不良品废弃与否的指标

针对总的产品数量如下：

1）良品率是指良品数量所占的比例（%）。个别公司也称良品率为直行率。

2）不良率是指次品（废弃品）数量所占的比例（%）。

■ 判断不良品返工与否的指标

针对总的产品数量如下：

1）直行率是指一次达标成为良品的产品数量所占的比例（不包括通过返工后成为良品的产品）。

2）良品率是指一次达标成为良品的产品数量和经过返工成为良品的数量的总和所占的比例。

3）不良率是指一加工就直接成为不良品的数量所占的比例。

有的公司在计算第 3 项中的不良率时，只计算返工后也不能达到良品标准的产品数量，请读者参考各自公司的定义。

$\boxed{\text{不良的标准}}$

〈判断不良品废弃的例子〉

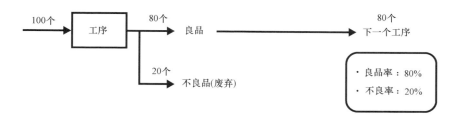

〈判断不良品返工的例子〉

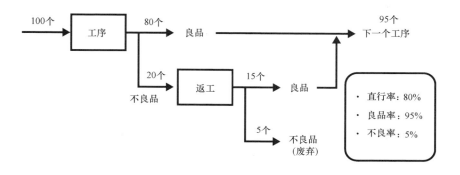

2-6 成品率的含义

> 良品和不良品按合格和不合格来区分，而成品率则表示材料的利用率。

■ 成品率是指材料的利用率

还有一个与良品率类似的指标——成品率。下面来看看两者之间的区别。

成品率是指实际使用的原材料与投入量之比。因此，也经常使用"材料成品率"这个表述。

为了方便理解，这里以圆板为例说明。当钢板被压力机冲压成圆形，制成圆板时，作为原材料的钢板被分为圆板和冲压废料。这时，圆板与原钢板的比值就是成品率。

这个数字越高越好，而且可以通过计算面积或测量重量很容易地计算出来。同理，衣服也是按照图案从面料上裁剪出来的，所以成品率是指从初始面料中实际取出的面料的比。再举一个例子，从铁矿石中提取铁时，成品率是指提取铁的重量与铁矿石重量之比。

如上所述，材料成品率的特点是两个对比对象的形状不同。圆板与废料的形状，以及铁矿石和铁的形状是不同的。然而，在表述良品率和不良率时，对比对象的良品和不良品的形状是一样的。

■ 优化取料方法

通过优化取料方法（取料位置），可以提高材料的成品率，使大量材料被取出。这就是所谓的增加取件数，下一页有一个取料方法改进的例子。

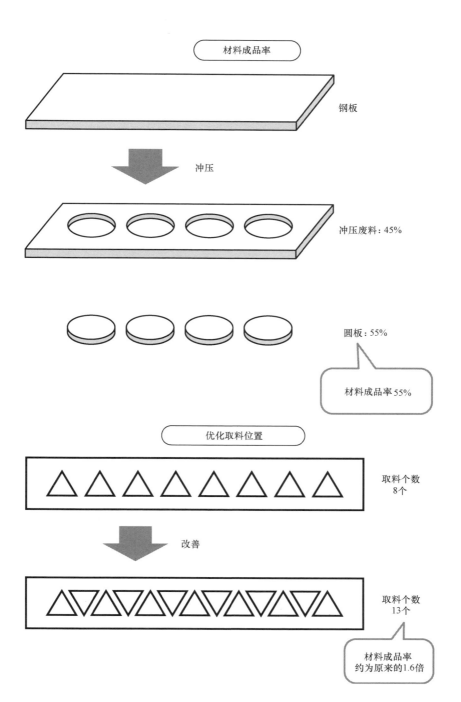

2-7 将制造质量分为初始质量和经年劣化质量

为了向顾客保证质量，把产品开始使用后的质量进行分解。

■ 如何保证伴随使用而产生的劣化？

产品的完好性由出货检查来确认，这一点将在第3章具体说明。在本节中，将介绍在顾客开始使用产品之后，如何保证产品的质量。在这里用"保证"这个词，是因为产品一旦到了顾客的手中，厂家就无法进行主动管理。

首先，将这个阶段的制造质量分为初始质量和经年劣化质量。初始质量指的是顾客拿到产品时的产品质量，这一点是通过出货检查来保证的。

经年劣化质量是指产品在使用过程中逐渐恶化的质量。可靠性、易维修性、耐久性、易维护性是衡量经年劣化质量的指标，这里列举的各项都可以量化。以下是它们的顺序。

■ 用 MTBF 表示可靠性

可靠性是指一个设备可以连续使用多长时间而不发生故障。用平均故障间隔时间（以分钟、小时、天和月等为单位）来表示。MTBF 是 Mean Time Between Failure 的缩写。

例如，MTBF 200h 是指产品平均可连续使用 200h。换言之就是，每 200h 发生一次故障。

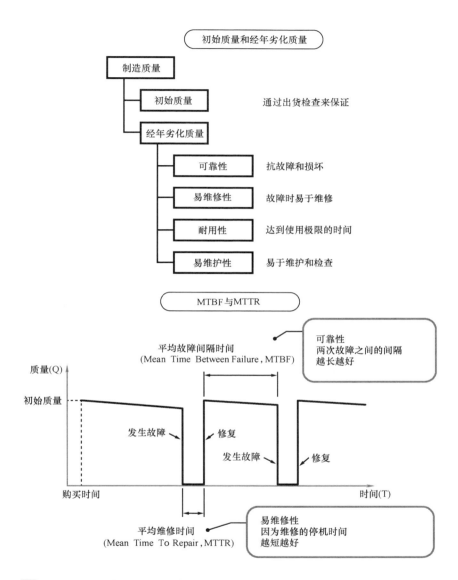

▍用 MTTR 表示易维修性

易维修性是指故障时的维修方便性。它以维修所需的平均维修时间来表示。MTTR 是 Mean Time To Repair 的缩写。例如，MTTR 15min 意味着平均 15min 就可以完成维修。

39

MTBF 和 MTTR 常被用来描述生产设备的性能。

■■ 用使用极限表示耐用性

耐用性是指达到使用极限所需的时间，如 5 年的耐用性，也就是所谓的产品寿命。

如果企业用同样的时间来评估产品，以确保这种耐用性，就会耗费太长的时间，错过销售时机。因此，他们通过在比实际更加恶劣的条件下，用短时间来验证产品的寿命。这就是所谓的加速劣化试验。

高温度、高湿度、高负荷、高电压、振动和紫外线等条件都会加速劣化。这些测试条件是各公司的专有技术经验。

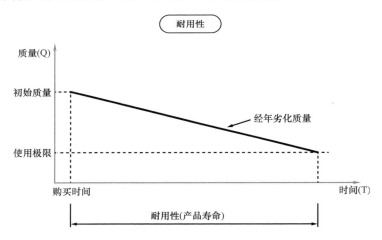

■■ 加强维护以延长耐用性

最后，易维护性是指定期进行维护工作以延长耐用性（产品寿命）的难易程度。因为在进行维护工作时，不能使用该产品，所以它必须是简单、快捷和廉价的。维护工作包括清洗说明书中所列的零件，并在规定时间内更换零件。有些维护有一定的技术门槛，需要制造厂家进行。

■■ 日常维护的示例

在日常生活中有很多需要维护的产品，给一双商务用鞋打蜡，用润滑油润滑自行车链条，清洗空气净化器的过滤器，或者给汽车换机油，都是维护。另外，需要制造厂家进行的维护包括电梯和自动扶梯的维护等。

这些维护的目的是，将产品随着时间的推移导致的经年劣化质量提高到接近初始质量的水平，从而延长产品的使用寿命。

这种维护不仅是对产品的维护，也包括对生产设备和夹具的维护，如 1-5 节所述，因为，如果设备在折旧期后仍然能继续使用，将带来利润的增加。

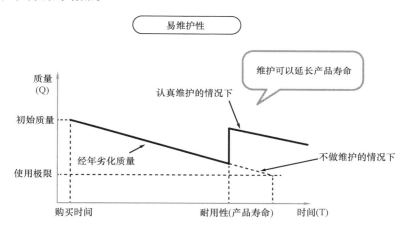

2-8 质量管理的诞生与发展

本节介绍起源于美国的质量管理在日本的发展历程。

■■ 质量管理诞生于美国

1924年,在美国最大的电话公司AT&T工作的舒卡特发明了管理图,由此奠定了质量管理的基础。其目的是通过使用统计学,实现低成本大规模地生产优质产品。

这套方法在之后的20世纪40年代的第二次世界大战中取得了极大的成功,该方法也被称为统计质量控制(Statistical Quality Control,SQC)。

反观日本,在第二次世界大战期间,日本没有质量管理的概念,只是单纯地追求产量,完全不考虑成本。这与美国的方式正好相反。

第二次世界大战结束后,美国工业界将SQC从战时生产横向扩展到民生生产,也取得了巨大的成果。一改之前的以提高检查效率为重点的方法,开始提倡以经济地生产出顾客所要求的质量为目标的综合质量控制(Total Quality Control,TQC)。

这是一个设计质量和制造质量两手抓的新概念。

■■ 日本引进质量管理的动因

据说,日本引进质量管理的推动力来自第二次世界大战后盟军总司令部。原因是盟军进驻日本时,日本的通信设备大多因质量差而无法使用。还有一种说法是,为了改变日本制造"价格便宜但是质量不好"的坏口碑。

于是,在1950年前后,日本开始关于质量的研究,举办了质量管理培训班并且邀请戴明博士、朱兰博士这样的质量管理专家来授课。时任东京大学工学部教授的石川薰博士带头开创了"QC小组",

并于20世纪60年代在日本制造业中得到了迅速的推广。

石川薰博士奠定了日本质量管理的基础，在《图解改变世界的50家企业》（原书房出版社）一书中，石川薰博士与创建丰田生产方式的大野耐一被一起介绍。

质量管理的发展历程

时间	名称	简称	起源国	特点
自20世纪40年代以来	统计质量控制	SQC	美国	追求检查效率
自20世纪50年代以来	综合质量控制	TQC	美国	追求综合质量
自20世纪60年代以来	全公司质量控制	TQC	日本	所有部门，所有员工的参与
自20世纪90年代以来	综合质量管理	TQM	美国 日本	自下而上＋自上而下

■ 全员参与是日本质量管理的特色

在日本，不仅是质量管理部门，还包括企划、开发、设计、制造、材料采购和销售等部门，在全公司范围内开展质量管理。

例如，无论生产部门如何努力，如果原材料就不好，是无法避免不良的，所以需要材料采购部门要求厂家保证原材料的质量，而与顾客接触最多的销售部门则积极地将顾客的意见转达给企划、开发部门。

此外，还发展出了日本特有的质量管理体系，不仅是公司的具体的负责人，而是包含从高层管理人员到中层管理人员、现场领导乃至现场人员等所有员工都参与其中，该体系被称为全公司质量控制（TQC）。

究其根本，是负责工作的现场领导和现场人员比质量管理员、监督员更了解现场情况，对质量的影响也更大。这与美国形成鲜明对比，在美国是由具体负责人自上而下地管理质量。

该体系的另一个重要特点是不追求检查效率，而是注重全检和预防，以实现零不良。

顺便说一下，美国的"综合质量控制"和日本的"全公司质量控制"的缩写是一样的，都是TQC。但前者TQC中的"T"代表

"全面",后者 TQC 中的"T"代表"全员"。

■ 从 TQC 到 TQM

在 20 世纪 70 年代和 80 年代,日本制造业突飞猛进,成为世界的最顶尖生产工厂,此时质量管理发源地的美国也认识到了日本这种全公司的质量管理方式的优点,遂将其引进到美国,并且与欧美的公司管理相结合形成了全面质量管理(TQM, Total Quality Management),而 TQM 也被认为是 20 世纪 90 年代之后美国制造企业复兴的原动力。

在日本,日本科学技术联盟(JUSE)一直大力推广 TQC,1996 年 TQC 改名为 TQM。

其背景是,虽然 TQC 是一个全公司的所有部门和员工共同参与的活动,但它往往容易固化成为以现场领导和现场人员为主体的活动。从而造成与公司的经营方针脱节,活动的结果往往是局部优化而不是全面优化。TQC 的改名就是基于对这个现象的反思。

因此有必要将该体系发展成,在公司高层的强力领导下,以经营战略和方针为基础,用最低的成本提供最高的质量,从而达到顾客满意的综合质量管理新体系。

这样来看,质量管理诞生于美国,在日本开花结果,又回到美国,之后又再度影响日本,而且时至今日仍在不断地发展。

戴明奖是为了纪念前面介绍的把质量管理理念从美国带到日本的戴明博士的成就,于 1951 年设立的。该奖授予对推动 TQC 和 TQM 的发展做出重大贡献的组织和个人。

■ "自上而下"和"自下而上"的含义

自上而下是指员工听从总经理、部门经理等最高管理层的指示和命令推进工作,而自下而上是指员工向上级提出意见的方式。

两者各有利弊,自上而下可以迅速做出决策,统一组织的方向,但是当指令出现错误或者不能取得员工的共识时,自上而下的决策就不能很好地发挥作用。

另一方面,自下而上的方式虽然有利于员工自由地发表意见,但却很难整合他们的想法，而且必然会包含一些从公司管理的角度来看并不可取的意见。

欧美公司盛行自上而下；而日本的 QC 小组则是典型的自下而上的风格，侧重现场员工自己找问题，并通过与同事的讨论来解决问题。

从这个角度来看，TQM 融合了自上而下和自下而上这两种方法的优点。

2-9 什么是 ISO 9000 质量管理标准？

本节介绍 ISO 9000 系列的质量管理体系。

■■ ISO 是国际标准

ISO 是国际标准化组织英文名称 International Organization for Standardization 的缩写。原本应该取其首字母缩写成"IOS",但是因为希腊语"isos"有均等的词义,所以将之命名为 ISO。ISO 于 1947 年成立,总部设在瑞士日内瓦,是一家负责制定工业领域的国际标准的非政府组织,日本于 1952 年成为该组织的会员[⊖]。

ISO 的目的是推动规格的标准化,包括以下两方面:
1) 消除各国因为利用各自的标准进行制造活动而产生的障碍。
2) 促进在全球化的过程中产品和服务的国际交易。

ISO 标准有两种:工业产品标准和管理标准。前者的例子包括螺钉的规格和相机曝光灵敏度的规格(ISO 100、ISO 400 等);后者指的是与管理相关的制度、方法方面的标准,如 ISO 9000 就是一个管理标准。

■■ 获得质量管理标准认证的目的

由于管理标准以制度为对象,所以要求企业对制度制定规则,对工作流程和工作标准制定文件,并且要求企业切实利用其制定的规则和文件。

申请该管理标准的企业,需要接受公司外部的审核机构的审核,如果审核通过,即可获得认证。

获得 ISO 9000 认证,就意味着如下两方面:

⊖ 中国于 1978 年加入 ISO,在 2008 年正式成为 ISO 的常任理事国。

1）通过运行质量管理体系，持续提高 QCD 水平。
2）通过提高企业的信誉度，逐步增加销售额。

在日本，这个管理体系（简称 QMS）除了 ISO 9000 质量管理系列，还有 ISO 14000 环境管理系列。ISO 14000 系列（简称 EMS）是关于在经营活动中对自然环境因素的管理。

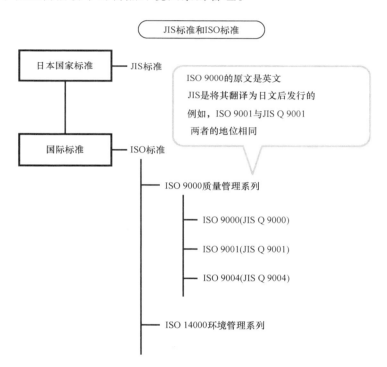

ISO 9000 系列的 8 项原则

ISO 9000 系列的质量管理体系标准于 1987 年制定完成。

ISO 9000 系列并不是对产品或服务本身的质量进行认证，而是对质量管理体系进行认证。并且将个别标准整合为一个系列。在 ISO 9000 系列中，主要的个别标准有 ISO 9000、ISO 9001 和 ISO 9004，其中的 ISO 9001 是主要标准。

这些标准的基本思路可以概括为以下 8 项原则：
1）以顾客为中心（超越顾客的期望）。

2）领导力（管理层负责推进）。

3）员工参与（全员参与）。

4）流程方法（具有适当结构的业务管理）。

5）系统的管理方法（以全面优化为目标）。

6）持续改进（坚持持续改进）。

7）基于事实的决策方法（数据驱动）。

8）与供应商的相互关系（与相关公司互惠互利）。

■ ISO 与 JIS 的关系

ISO 是一个国际标准，而日本的国家标准是日本工业标准（Japanese Industrial Standards），简称 JIS。ISO 9000 系列标准被整合为 JIS Q 9000 系列标准。

> JIS Q 9000 质量管理体系——基础知识和术语
> JIS Q 9001 质量管理体系——要求事项
> JIS Q 9004 促进组织持续成功的运营管理
> ——质量管理方法

■ ISO 9001 认证的演进历程

自 20 世纪 90 年代中期以来，各大型公司越来越多地把中小企业是否取得 ISO 9001 认证作为与其开展业务的条件，因此许多公司无论规模大小，都在努力取得该认证。

但是，当要进行 ISO 认证时，人们发现 ISO 标准中的措辞和表述很难理解，还需要将过去的隐性协议或默契都用文字记录下来，而且花费大量的时间来记录的这些文件，又似乎在实际工作中没什么用。此外，一些企业认为，每年获取和更新认证的成本并不值得，所以该认证在经过 2000 年中期的高峰期以来一直在下降。

重视使用文件和图表来表达的显性知识的西方制造企业比较适合 ISO 的形式，而日本的制造企业中有很多无法用语言表达的隐性知识，所以很难实施 ISO。另外，因为一直强调质量的日本企业大多已经建立了与 ISO 相当的检查体系，所以引进 ISO 的效果也很有限。

■ 利用 ISO 9001 的基本理念

　　日本制造业一直有一种强烈的倾向，即依靠员工的自主性，重视个人的高技能和高知识水平的工匠精神，而这些并不容易传授给年轻员工。因此，把个体员工的工作内容变成大家都能看到的工作内容是 ISO 的一个很大的优势。另外，将复杂的工作流程和详细的工作程序记录下来，或者用视频的形式将其展现出来，是分享信息的好方法。

　　不得不说，ISO 提供了这样一种客观的改善方法。

小专栏

顾客的需求与时俱进

随着时间的推移，顾客的要求发生了巨大的变化。在过去，首要任务是防止故障。当家电产品出现问题时，顾客习惯于敲打产品的本体。也许是因为当时的产品往往接触不良，拍打产品往往能解决问题。

随着技术和现场能力的提高，产品故障发生的频率越来越低，但是同时顾客对性能和功能提出了更高的要求。例如，家用车的排气量和行驶速度都提高了，洗衣机不仅能洗涤，还能甩干烘干。

另一方面，也出现了功能太多导致难以使用的产品，以至于让任何人都能轻松使用产品的需求在大幅增加。如今，除以上提到的这些之外，人们对产品设计时尚、节省空间、静音、低振动和环保性等的要求在不断提高。

因此，企业需要进一步追求高设计质量和制造质量，以满足顾客不断变化的需求。

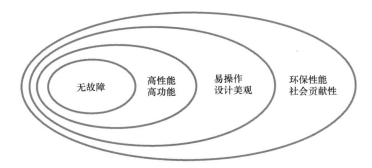

第3章

防御性的"检查"和进攻性的"预防"

3-1 通过检查来防止顾客可见的外部不良

> 如果出现外部不良，会造成严重的损失。所以企业应以通过检查消除这个不良为第一要务。

■ 顾客看到的不良是外部不良

如第 2-4 节所述，不良可分为外部不良和内部不良。外部不良是指已经进入市场的不良品，而内部不良是指在生产现场检查发现的不良品。

对顾客来说，外部不良就是质量差。另一方面，内部不良对顾客来说是不可见的，但是会因为废弃或返工而导致制造成本上升，所以与其说内部不良是质量概念，倒不如说它是成本概念。那么，为了实现外部和内部的零不良，应该如何确定质量改进工作的优先顺序呢？

■ 外部不良造成损害的两种类型

当外部不良发生时，主要有如下两种大损失：

1）首先是利润的损失，企业要花很多钱更换零部件，或者支付赔偿。此外，还存在因风评变差而导致销量下降的风险。换句话说，不仅出去的钱会增加，进来的钱也会减少，这将对利润产生双重负面影响。

2）第二种损失是，由于员工处理投诉这样的消极工作而造成的士气下降，以及对公司信赖感的降低。虽然员工的士气和对公司的信赖感难以用金钱来衡量，但显然这个损害不容忽视。

■ 首先靠检查阻止外部不良

企业的首要任务是避免外部不良，即使是制造出了不良品也不可以让它流入市场。为了达到这个目的，需要在发货前检查所有产品。

检查全部产品是基本原则。而抽样检查的概念是建立在"为了提高检查效率，少量的外部不良不可避免"的前提下的。

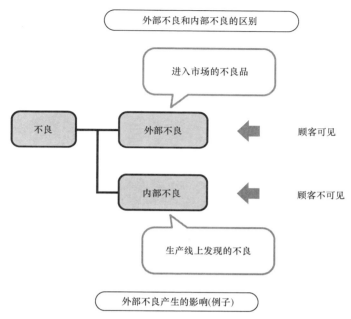

外部不良产生的影响(例子)

如果有不良品到了顾客手里

- 需要更换产品。
- 需要营业员去道歉，但顾客只会原谅一次或两次。
- 顾客可能会要求打折。
- 顾客可能会要损失费。
- 顾客可能会毁约。
- 公司的风评变差，销售量可能急剧下降。
- 公司的信誉可能会受到损害，影响公司的业务发展。
- 员工会感到不快，工作氛围可能会恶化。
- 员工的奖金可能会减少。

3-2 以"检查"和"预防"双管齐下的方式来开展工作

"检查"是消除不良品的重要工作,但仅有检查还远远不够。为了完全消除不良,需要的对策是"预防"。

■■ 单纯的检查并不能解决问题

检查能解决一切问题吗?还有以下问题有待解决:

1) 不论如何努力,都不会做到 100% 的完美检查,所以,减少外部不良是可能的,但很难完全将其消除。

2) 仔细地检查需要花费大量的成本和时间。

3) 公司将不得不长期持续生产不良品。

尤其第 3 项是个大问题。由于检查只是单纯地将良品和不良品分开,不包含质量对策。所以生产现场仍会一直生产不良品。

■■ 预防很重要

所以,除了检查之外,还要进行预防。通过将检查获得的不良信息反馈给现场,创造一个不生产不良品的生产线。而且,这样的预防也就能改善上述情况。

这里用一个大家熟悉的例子来说明:检查是用来检查疾病的,而预防则是通自我管理,防止疾病的发生。

因此,需要将检查和预防融入生产线中。不容置疑,就优先级而言,第一要务是检查,通过检查制止造成重大损失的外部不良。在这个基础之上,再致力于预防。

下一节来具体地看看检查的情况。

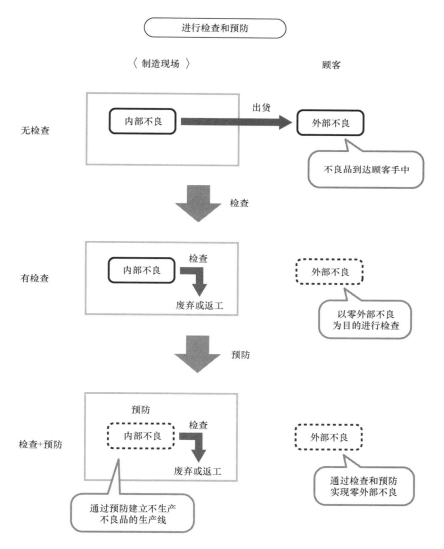

3-3 按对象划分的检查方法

根据检查的内容不同,可以把检查大致分为三种,分别为采购品、正在加工中的半成品、成品的检查。

■■ 检查有三个作用

检查的作用可以总结如下:
1) 根据检查标准来判断合格/不合格,剔除不良品。
2) 记录检查结果。
3) 通过将检查记录反馈到上道工序从而进行预防。

下面来看看这些检查的细节。

■■ 出货检查防止外部不良

最基本的检查包括"最终检查"和"出货检查"。最终检查是为了确认成品是否符合设计质量,出货检查则包括了检查包装状况,以防止运输过程中出现损坏。

实际运用中,最终检查和出货检查合二为一的情况比较普遍,本文为了方便起见将两者统一为出货检查。

出货检查的首要目的是防止不良品流入市场。

■■ 通过上游工序检查来杜绝浪费

假设在制造产品的过程中存在从 1 到 10 的十道工序,那么在第 1 道工序中就可能出现不良。在这种情况下,即使产品在第 1 道工序后就有不良,之后的工序仍会进行,换句话说,从第 2 道工序到最后的第 10 道工序都是在浪费成本。

另外,如果只有最后的出货检查,那么不良发生在哪个工序也很难调查。由于很难找出不良的原因,所以很难采取有效的预防措施来消除不良。

有鉴于此，除了出货检查外，在上游工序也要进行检查，以便做到以下两点：
1）尽量减少不必要的成本浪费。
2）确定不良产生的工序。
第1点将在3-6节详细说明。
这里对主要的3种检查方法总结如下：
1）对采购品的"验收检查"。
2）正在加工中的"半成品检查"。
3）成品的"出货检查"。

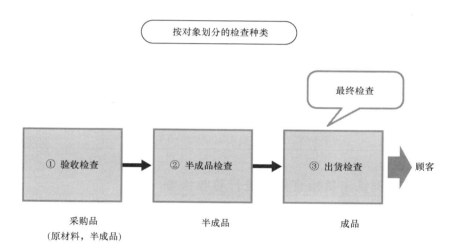

■■ 验收检查的目的

验收检查是指对采购的原材料和半成品在入库时进行的检查。无论现场的能力有多强，如果原始原料不好，也生产不出好产品。

在这个检查中，应确认质量是否符合采购规格（见下页），入库数量是否符合订购数量。如果收货时没有确认质量，那么在原料用完后出现的问题就很难查明原因。

> 采购规格书示例

20××年11月18日

采购规格书

序号	项目	内容
1	产品名称	所购物品的名称
2	指定交付日	订购后5天以内
3	收货地	公司的B栋建材窗口
4	规格	详见附录
5	配件	详见附录
6	检查方法	检查方法详见附件"检查方法一览表"。必须将检查结果填写到"出货检查报告"后,与单据一起提交
7	包装方式	内包装用气帽,外包装用纸板
8	交付后保证	根据使用说明书使用本产品的过程中出现的问题,6个月内免费更换产品,之后发生的问题提供有偿服务
9	工艺变更	变更生产工艺时,需要尽快提交"工艺变更申请书"。新工艺必须在得到批准后开始实施
10	付款条件	收货后的第二个月的月底支付

■■ 通过确认出货检查报告进行验收检查

原材料和半成品的验收检查与在制品检查和成品出货检查不同。

由于验收检查是站在购买者即顾客的立场之上的,因此,原材料厂家或半成品厂家是保证质量的主体。为此,需要提前制定采购规格书(最终规格书),特别是对那些重要的质量保证项目需要制定明确的规格。

这个采购规格书要在双方共识的基础上制定,不仅要有规格,而且要有出货检查方法和检查标准。在交货时,出货检查报告与实际产品一起交付(具体内容请参照下页)。

但是,如果盲目地对厂家提出过高的要求,那么这部分要求的成本可能被转嫁到售价上。另外,在出现问题的时候,需要能够做大致的判断,比如哪个工序可能受到影响,在哪个工序可以及时发现问题。

如上所述，零件编号和数量可以在收货时根据票据和实际产品对照来确认，而质量则需要通过出货检查报告来确认。

(出货检查报告示例)

20××年09月05日

出货检查报告

产品名称	
发货日	
发货号码	
发货数量	

审查员	检查员

序号	检查项目	规格下限值	规格上限值	单位	检查结果	判定
1	全长	29.5	30.3	mm	29.8	√
2	薄膜厚度	10以上	无	μm	25	√
3	色泽	根据极限样本做视觉判断			没问题	√
4	划痕	视觉判断			无划痕	√
5						
6						
7						
8						
9						

■■ 工艺变更申请书是什么？

当制造商改变原材料或半成品的制造方法时，顾客会提前收到制造商开具的"工艺变更申请书"（见下页），以便进行事先确认。根据产品的属性，如果认为有必要，需要使用新的制造方法制造的原材料或半成品进行试验评价，以确认新工艺是否能够保持原来的质量。

当然，这样的试验评价并不会对所有的个案进行，而是针对那些对质量有重大影响的材料或半成品。

工艺变更申请书和工艺变更回答书的示例

20××年03月06日

工艺变更申请书

申请内容：C 工艺的升温条件变更。

审核人	申请人

序号	项目	内容
1	应用范围	a、b、d型的片式电容器(c型不适用)
2	变更内容	缩短C工艺的预热时间
3	变更原因	目前，预热需要20min左右，为了缩短生产周期，通过提高15℃，可以将预热时间缩短一半，而且经过确认质量维持不变
4	期望的实施变更的时间	本申请提交后2个月内

工艺变更回答书

20××年04月20日

回答	1. 同意	√	审核人	同意人
	2. 有条件同意			
	3. 不同意			
	同意条件或不同意理由			

■ 在制品检查的目的

在制品检查是指在工序之间进行的检查。有的是在每道工序中安排专职检查员进行检查，有的是工序中的工人自己检查。后者被称为"自主检查"，是基于"下一道工序是顾客"的理念，本着不应该把不良品传递给下一道工序的原则进行检查。

如前所述，这里检查出的不良是内部不良，所以这个不良与其说是质量问题倒不如说是成本问题。其目的是最大限度地降低因不良造成的废弃和返工的成本。

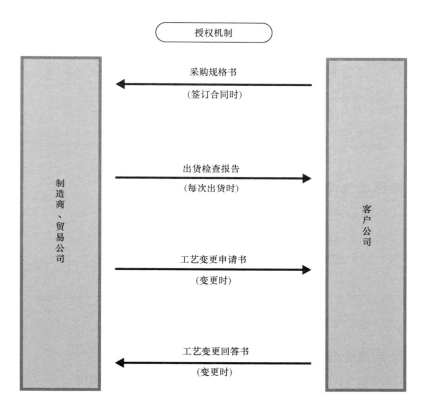

3-4 按检查件数划分的检查方法

下面来看看全数检查和抽样检查,是源于检查件数分类的检查方法。

■■ 根据检查件数制定的各种检查方法

根据检查件数来分类可以分为以下五种方法:
1) 全数检查(全部检查)。
2) 随机抽样检查(抽样检查)。
3) 从特定位置抽样检查(抽样检查)。
4) 间接检查(使用厂家提供的"出货检查报告"进行检查)。
5) 无检查(不进行检查)。

■■ 什么是全数检查?

全数检查是指对所有产品逐一检查,从而确定合格或不合格。虽然检查耗时较长,但它可以实现零不良,从保证制造质量的角度看,这是一种理想的检查方法。

另一方面,为了解决检查成本高、检查时间长的问题,一般会大力地推行各工序工人的自主检查,或者通过设备自动检查从而降低成本(后文详述)。

■■ 随机抽样检查

随机抽样检查是指从一组同类产品(一般称为批次)中随机抽取根据统计学确定的数量的样品,并对其进行检查,以确定整个批次合格或不合格的方法。

如果不良数小于或等于规定的标准数,则判定整批产品合格;如果不良数大于标准数,则判定该批产品不合格。作为补救措施,对所有不合格批次的产品,需要进行全数检查,只有其中的合格品可以进入下一道工序。

如上所述，在抽样检查的情况下，不可避免地会有一定数量的不良品流入下一道工序。

在进行在制品检查时，当全数检查的成本高于废弃或返工的成本时，或者虽然最初希望进行全数检查，但是破坏性检查（见3-5节）是唯一可用的检查方法时，只能选择抽样检查方法。

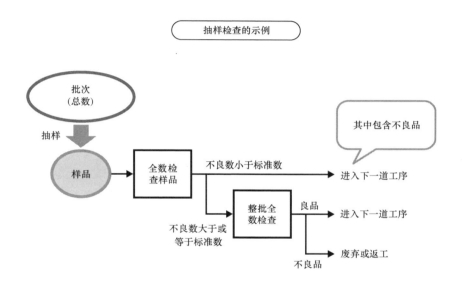

■ 从特定位置抽样检查

从特定位置抽样检查是指，在使用高速冲压机等快速加工设备时，通过检查一批产品的首件和尾件来判断合格或不合格的方法。这种方法的目的是避免一整个批次的产品都有不良问题。对于冲压工艺来说，质量是非常稳定的，所以通过对首件和尾件的产品的检查，就可以判断中间产品的可靠性水平。

如果批次数量较多，也可以进行定周期检查（如每生产100件或500件检查一件）。如果发现有不良，会对前一个周期的产品进行全数检查，此时，同样只有良品才能进入下一道工序。

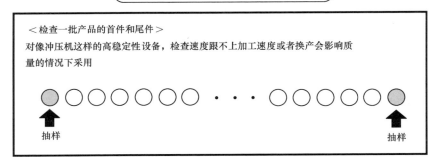

■■ 通过文件审查进行间接检查与无检查

间接检查是指验收厂家的检查结果，从而省略采购方的检查。如上所述，也就是通过检查出货检查报告来做出合格与不合格的判断。

无检查并不是指在没有管理状态下的不检查，而是指刻意不检查。这种情况下，根据质量数据、技术数据和以往的表现，判断出发生不良的可能性极低，或者即使不良品流向下一道工序，影响也不大。

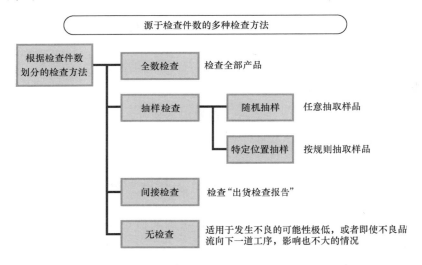

3-5 感官检查和破坏性检查

本节介绍利用人的感官而非数值进行质量判断的感官检查,以及检查产品的性能和内部不良的破坏性检查。

■■ 感官检查的实例

用人的感官来检查质量的方法叫作感官检查。像长度和重量这样的项目可以用数值来明确地判断合格/不合格,而像难以用数值来量化的划痕、异物、印刷文字颜色的浓淡和阴影等项目,则需要视觉检查。还有,判断铁路车辆上的螺栓松动情况,是利用锤子敲击螺栓时发出的声音来进行的听觉检查。

感官检查是在以下情况下进行的:
1) 难以量化。
2) 可以测量,但测量仪器昂贵或测量耗时。
3) 人的感官检查精度优于测量仪器的检查精度。

另一方面,由于判断的依据是人的感觉,当检查人员不同时,或者虽然是同一个检查人员但是其健康状况不同时,可能会出现判断差异。因此,为了最大限度地减少这种差异,应明确检查程序,并且尽量采用极限样品作为判断合格/不合格的标准(这个方法在第 7-5 节中也有说明)。

■■ 破坏性检查以抽样检查为前提

在检查强度、成分、内部不良时,有时需要损毁产品后才能检查,这就是所谓的破坏性检查,由于产品价值因检查而消失,所以这样的检查以抽样检查为前提。

为了降低产品的损毁成本,可以用更便宜的等价物(样品)来代替产品或采用超声波检查等无损检查方法。

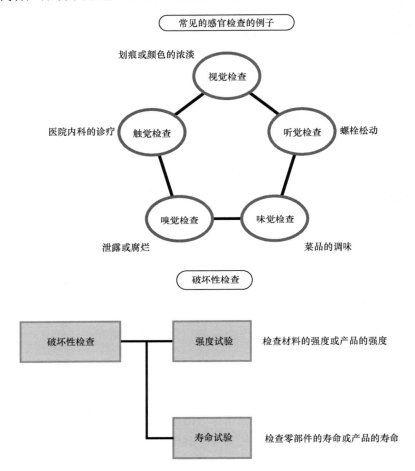

3-6 质量成本的含义

从检查和预防的成本和应对不良的成本的视角来看质量管理中的质量成本。

■ 质量成本的视角

质量成本是在 20 世纪 50 年代时出现的一个概念。它是指花费在质量管理上的成本，其目的是以最低的成本保障质量。听到"质量成本"这个词时，大家有可能会和 QCD 中的"质量、成本"相混淆。

在这里，如果把质量成本看作用于保障质量的成本或维持质量所需的成本，可能会更易于理解。在本书中，"质量成本"一词的含义如下：

1）预防不良所需的成本（以下称为检查和预防的成本）。
2）已发生的不良所造成的成本（以下称为应对不良的成本）。

前者是为了防止不良的产生而进行的质量改进活动，以及为了维持质量改进的成果而进行的必要检查和预防的费用。

后者则包括了对在制的不良品进行废弃或返工的内部不良处理费用，以及发生外部不良时，因为更换不良品所产生的外部不良处理费用。

前者的检查和预防成本也被称为合格质量成本，后者的应对不良的成本也被称为不合格质量成本。

■ 计算质量成本在现实中很难

计算公司的质量成本并不容易。专职检查员的人工成本不难计算，难点在于计算生产线上的工人的人工成本。生产线的工人除了生产工作外，还要进行自主检查和预防检查，实际上很难从他们的人工成本中抽离出质量成本。此外，发生外部不良时的产品交换费用以及赔偿金也不容易计算。所以，在实际工作中计算质量成本时只考虑了内部不良的部分。

那么，质量成本只是空论吗？接下来，从达到质量成本最小化的具体方法中一探究竟。

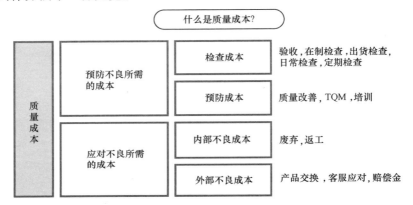

■■ 存在权衡关系

在降低应对不良的成本与增加检查和预防的成本之间，要有一个权衡。

过去，在经典观点中，认为存在一个能达到双方的成本之和（即质量成本）最小的最佳不良率。而时至今日，最普遍的认识是，通过高效的质量管理来提高现场能力，通过零不良达到最低质量成本才是正途。

建议步骤如下：

① 如果全数检查，会增加"检查成本"，但是，……
② 外部不良将减少，"应对不良的成本"将降低。
③ 其次，预防工作增加了"预防成本"，但是，……
④ 内部不良将减少，"应对不良的成本"进一步降低。
⑤ 通过提高现场能力，简化检查流程，降低"检查成本"。
⑥ 质量成本在零不良时最低。

■■ 尽量减少检查和预防的成本

降低检查和预防的成本的具体措施如下：

① 不设专职检查员，委托生产线上的工人进行检查。
② 在设备上附加检查不良的功能，当发生不良时设备自动停机。
③ 质量不仅是现场工人创造的，也需要全公司各部门的群策群力。

其中的第 3 点恰恰是 TQM 活动的主旨。

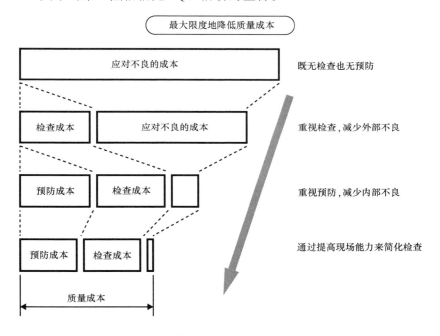

力求将质量成本降到最低

3-7 建立包含检查和预防两项功能的生产线

那么如何将检查和预防植入生产线呢？下面是一些典型的模式。

■ 6条生产线的实例

以下是6个例子，从①到⑥逐渐达到理想的生产线。请边阅读边思考，自己工厂的生产线离哪一个例子最近。

① 无检查的生产线（无检查）。
② 仅在出货时检查的生产线（仅检查）。
③ 同时进行收货检查和在制品检查的生产线（仅检查）。
④ 将检查结果反馈到上一道工序的生产线（检查+预防）。
⑤ 工人进行自主检查的生产线（检查+预防）。
⑥ 具有预防不良功能的生产线（检查+预防）。

■ 各生产线的要点

1）无检查的生产线。

从头到尾完全不进行检查的生产线。出现不良品后要对不良品返工，经常出现顾客投诉和索赔。这是发生不良时损失最大的生产线。

2）仅在出货时检查的生产线。

该生产线在最后一道工序对成品进行检查，防止外部不良流向顾客，但这个生产线存在以下问题：

① 如果存在检查疏漏，不良品流向顾客的风险依然存在。
② 由于是在产品完工后进行检查，所以损耗成本较大。
③ 因为只是单纯挑拣不良品而没有对生产线进行反馈，所以不良品的制造还在继续。

3）同时进行出货检查和在制品检查的生产线。

除了进行出货检查外，专职检查员还对上道工序的产品进行检查，从而减少继续制造不良品的浪费。这有助于发现产生不良品的原因，但继续制造不良品的问题仍然存在。

4）将检查结果反馈到上一道工序的生产线。

这已经是一条不错的生产线了，除了检查之外，还能进行预防。通过把检查结果中的不良内容和频率等信息反馈给上一道工序从而改进工艺。虽然增加了预防的成本，但可以大幅减少不良所造成的成本浪费。

5）工人进行自主检查的生产线。

检查工作不是由专职检查员进行，而是由生产线的工人在制造过程中进行。通过在加工后立即检查，达到防患于未然的效果。此外，还可以降低检查成本，而且通过检查产品，有望增强工人的责任感和积极性，从而产生"零不良"和"下一道工序就是顾客"的意识。

6）具有预防不良功能的生产线。

① 通过"防错、防呆（Poka-yoke）"预防无意识的错误（无心之失）。

② 系统具有自动检查的功能，当检查到不良品时设备会自动停止。而且拥有即时发现原因的体制。

③ 此外，为了保证安全，还给生产设备加入了故障无碍（fail safe）功能（防错、防呆和故障无碍在第7章中解说）。

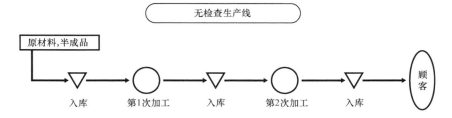

- 虽然检查成本为零，但是如果发生不良，则全部会作为外部不良流出到顾客手中
- 这样的生产线，在理论上只有所有工序都达到零不良时才成立，但是其在现实中很难存在
- 通过出货检查防止不良，但是如果无法实现完善检查就不能

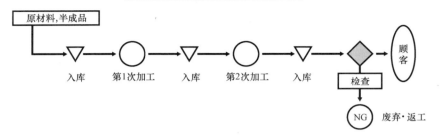

完全杜绝外部不良

- 不良品带有所有工序的附加值被废弃,从而产生很大的浪费
- 因为只是甄别良莠,所以不会减少不良(仍在持续制造不良品)

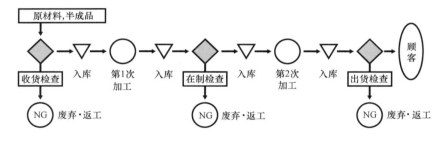

- 通过收货检查和在制检查,减少不良品附加值的浪费
- 因为只是甄别良莠,所以不会减少不良

- 不但可以检查，还拥有预防功能的生产线
- 可以通过对检查结果进行分析，并且反馈给上一道工序来达到减少不良

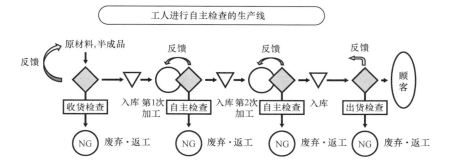

- 不是通过专职检查员，而是通过生产线工人来检查
- 可以短期内完成检查、发现不良，分析原因和改善的全过程
- 通过生产线工人的自主检查，还可以提高工人的责任心和积极性

- 通过"防错、防呆（Poka-yoke）"，防止无意识的错误（无心之失）
- 发生不良时，设备自动停止
- 给生产设备加入了故障无碍（fail safe）功能以确保安全

小专栏

什么是 VE？

作为提高 QCD 的管理方法，也就是工业工程（IE），已经在第 1 章中介绍过了。而价值工程（VE）则是一种针对产品开发的管理方法。因为这两个方法经常会放在一起讨论，所以这里简单介绍一下 VE。

VE 是一种提高产品价值，追求良好性价比的方法。换成公式表述如下：

$$VE（价值）= 性能 / 成本$$

比如，在同行业厂家的产品卖得好的情况下，如果提供同样的产品，基本可以预见销路不会好。因为，后发产品想要成功，需要拥有相对先发产品的优势。换句话说，需要增加价值。

而使用 VE 这个概念，能够便于企业从不同角度考虑增值方案。例如，如果能在增加功能的同时降低成本，那么这一定是最佳选择，但不言而喻的是，这也是相当困难的，所以企业可以在成本不变的情况下通过增加功能来增加价值，或者在功能不变的情况下降低成本，又或者选择成本略微增加但功能大幅增加。

另外，其实还可以通过降低功能、降低成本来提高价值，但是到目前为止，绝大多数日本企业都在避免"降低功能"这个选项。然而，在大幅进行海外扩张的今天，考虑到不同国家的购买力，降低功能以便低价销售也是一种有效的策略。

因此，在增加价值时，使用 VE 方法的一个主要优势是便于整理和分析出最优策略。

数值和图形

4-1 利用数值和图形达到可视化

首先要从测量和计数开始，之后把得到的数字体现到图形，从而达到可视化。

■ 数值是反映制造能力的基础指标

在服务行业中，例如像接待工作这样比较感性的内容，其实很难用数值来定量，但是，在制造业中，由于产品是根据规格和图样制造的，所以数值的作用特别重要。其最大的作用是消除模糊不清的部分，以便可以客观地"看"到事实。这就是所谓的可视化。

那么，这里的可视化指的是什么呢？

> 1）第三方也可以跨时间、跨空间看到。
> 2）可以看到从过去到现在的变化。
> 3）可以通过预测看到未来。
> 4）可以看到自身的制造实力。

■ 如何做到可视化？

为了使以上四项达到可视化要做到以下三点：
1）收集数值数据。
2）计算数值。
3）以图形的形式来呈现。

第一步是用数值的形式来捕捉现象或问题，也就是测量尺寸和重量，统计不良品数量等。这时得到的数值通常被称为原始数据。然后对这些原始数据进行计算，确定平均值和误差等。然后再以图形的形式将其呈现出来，以便更容易也更直观地看到。

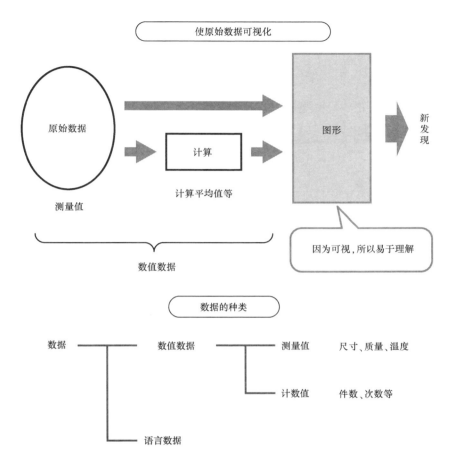

■ 数值数据和语言信息

数据有两种类型：一种是数值数据，用数字来表示，另一种是语言数据，用文字来表示。数值数据又分为测量值和计数值。

测量值有一个计量单位，如尺寸或质量，计数值是指通过查数得到的件数或次数。在本书中，按照惯例，数值数据用数值或数据来表示。

4-2 数值的优点

量化的好处是任何人都可以随时客观地把握状况。下面我们通过实例来了解一下。

■ 表格

从这里开始，笔者将依次解释前面介绍的可视化的四个优点。首先是第三方也可以跨时间、跨空间看到。下面介绍两个例子：一个是原始数据表格，另一个是下一页的图。

首先来看看奥运记录。四个项目的奥运田径冠军分别由两名美国运动员获得：1913 年出生的杰西·欧文斯和 1961 年出生的卡尔·刘易斯。下表是赛事记录。

四项奥运冠军的赛事记录(原始数据)

运动员	欧文斯 (美国)	刘易斯 (美国)
年份/地点	1936年/柏林	1984年/洛杉矶
100m	10.3s	9.99s
200m	20.7s	19.80s
400m接力	39.8s	37.83s
跳远	8.06m	8.54m

通过这个表格，第三方即使过了几十年也能客观地掌握情况。这就是量化的优点。如果没有这些数据，就只能说欧文斯和刘易斯跑得很快。

说句题外话，笔者在研究这些比赛记录的时候注意到了一件事。两人的短距离赛事记录的位数相差了一位。由此可见，由于科技的进步，测量仪器的精度提高了一个数量级。这是我们从数值中可以得到的另一个新信息。

■ 图形

下面的例子是，一个工序的每周的不良记录。统计每项不良内容的产品数量，并按不良个数由多到少的顺序画出条形图。此外，根据将各项目的累计比例加起来的线图，可以一目了然地看出，前三项不良内容的合计占了80%。

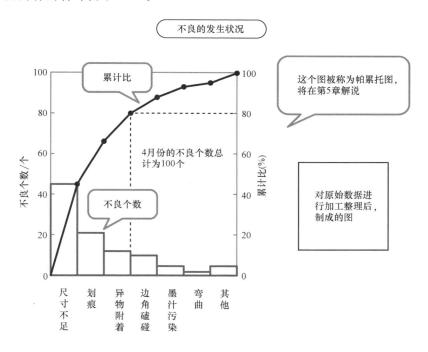

4-3 线形图的优点——使从过去到现在的变化可视化

通过把握随着时间的推移而产生的变化，可以得到更多的信息。线形图是达到这个目的的最好的工具。

■■ 通过线形图可以看到随着时间的推移而发生的变化

如果把数值做成线形图，就可以看到从过去到现在的变化，进而推测出未来趋势。为了把握时间的变化，图形的横轴是时间（分、时、日、月、年等），纵轴是数值（件数、质量、尺寸等）。这种类型的图形被称为时间序列图。

■■ 通过图形看100m跑的世界纪录

下一页来看看以往的男子100m跑的世界纪录。首先，可以通过观察记录客观地了解速度的变化，但只能把这种变化大致地理解为逐渐变快。然后，用线形图来展示一下。

横轴是时间（年），纵轴是记录（s）。看这张图可以清楚地看到速度变快的程度和节奏。纵观整张图，这条线在缓缓下降，但可以看到只有图右边的最近的世界纪录时间是在迅速下降的。显然，这与之前的平稳下降不同。其实这是牙买加的尤塞恩·博尔特的纪录，他是100m、200m和4×100m接力的世界纪录保持者。

■■ 获得新的见解

出现这种与以往不同的趋势，可以认为背后有一个重要原因。所以，运动医学界对博尔特的兴趣很大，另据研究表明，博尔特已经实现了自己独特的短跑风格。

男子100m跑的世界纪录			
纪录/s	时间	球员姓名	国籍
10.06	1964年10月	鲍勃·海斯	美国
10.03	1968年6月	吉姆·海因斯	美国
10.02	1968年10月	查尔斯·爱德华兹	美国
9.95	1968年10月	吉姆·海因斯	美国
9.93	1983年7月	卡尔文·史密斯	美国
9.93	1987年8月	卡尔·刘易斯	美国
9.93	1988年8月	卡尔·刘易斯	美国
9.92	1988年9月	卡尔·刘易斯	美国
9.90	1991年6月	勒罗伊·伯勒尔	美国
9.86	1991年8月	卡尔·刘易斯	美国
9.85	1994年7月	勒罗伊·伯勒尔	美国
9.84	1996年7月	德努班·贝利	加拿大
9.79	1996年6月	莫里斯·格林	美国
9.77	2005年6月	阿萨法·鲍威尔	牙买加
9.77	2006年6月	阿萨法·鲍威尔	牙买加
9.77	2006年8月	阿萨法·鲍威尔	牙买加
9.74	2007年9月	阿萨法·鲍威尔	牙买加
9.72	2008年5月	尤塞恩·博尔特	牙买加
9.69	2008年8月	尤塞恩·博尔特	牙买加
9.58	2009年8月	尤塞恩·博尔特	牙买加

如这个例子所示，图形化可以带来新的发现。

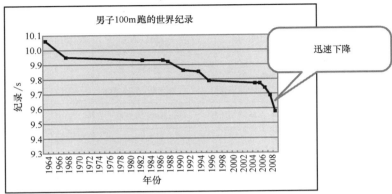

这个方法也可以应用到制造业中。通过绘制各时间段的测量值图可得到以下两个好处：

① 知道大体趋势。

② 当有变化时，通过观察图上的变化点，可以比较容易发现变化的原因。

4-4 线形图的优点——使未来的趋势可视化

如果能抓住过去到现在的变化,就能看到未来的动向。这是线形图的另一个优点。

■■ 用时间序列的线形图来预测未来

如果知道从过去到现在的变化,就可以通过将其延伸来预测未来。世界上的许多预测都是基于过去的数据进行的。

通过制作高速公路交通拥堵预测、天气预报、各种经济指标、股票价格预测,以及企业迄今为止的业绩等时间序列线形图,可以客观地把握未来的发展趋势。

■■ 读图

下一页上图是某些测量值的图形表示。数值是逐渐减少的,如果条件不变,则会继续以同样的方式减少。

通常情况下,这种测量值有一个下限和上限,这是验收极限,在规格或图样中用公差表示(见 4-5 节)。现在就把下限写在图上(下一页下图)。

观察这幅图,可以预测,如果趋势继续如前,那么从现在开始的第三个圆圈处,数值会与标准下限重合,第四个圆圈处会跌破标准下限。如果测量时间的间隔为 1h,那么 3h 后数值就会达到下限,而 4h 后就会出现不良品。

通过创建这样的时间序列图,可以提前 "4h" 预测到不良品的产生。而如果没有这个图,就只能在不良品出现后,慌慌张张地应对了。

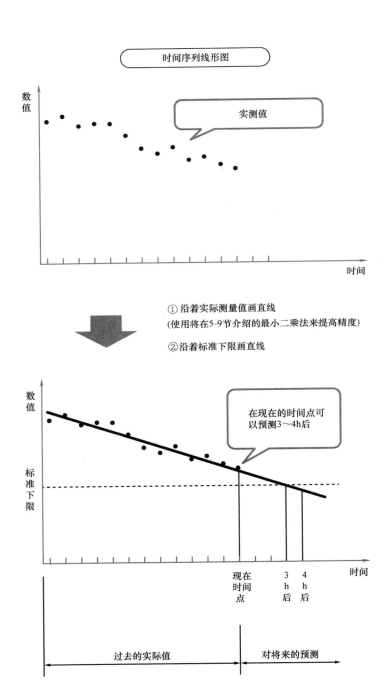

4-5 使针对目标值的能力可视化

在现场，企业以"目标值"为目标开展工作，但总会出现偏差和误差。这些偏差和误差的大小显示了现场的能力。

■■ 关注偏差和误差

飞镖游戏的目标是将 10 支飞镖全部射中靶心，某次投掷时，投者发现有一支飞镖射中了中心，有六支却偏了一点，还有三支偏的很远。

看这个记录时，有两个视角很重要，就是偏差和误差。

■■ 将偏差和误差划分为不同的模式

在这个飞镖的例子中，来看看偏差和误差的四种模式。

> 模式 A：全部正中目标。
> 模式 B：全部偏离目标，但误差较小。
> 模式 C：全部接近目标，但误差较大。
> 模式 D：全部无规则。

这里，A 和 C 的偏差最小，A 和 B 的误差最小。

这个飞镖的例子也适用于制造业。无论是加工还是装配，与目标值总有偏差和误差。为了实现目标，要通过质量管理来确保达到目标，并将误差降到最低。

| 偏差与误差 |

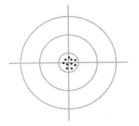

A 正中目标,理想状态

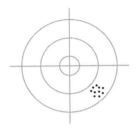

B 有偏差,但是误差小

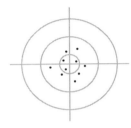

C 偏差小,但是有误差

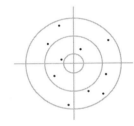

D 偏差大,误差也大

	偏差	误差
A	小	小
B	大	小
C	小	大
D	大	大

 质量管理的目标是偏差小,误差也小

■■ 表示目标值和偏差的容许范围的公差

  制造中的目标值,在图样和规格中都有说明。目标值是一个数值,如长度150mm、重量100g、温度85℃、电流3A。在现场加工时,企业的目标是这些数值,但成品不可能精确到150.000000mm,所以难免会出现一些偏差。

  另外,设计师可能会规定尺寸为150mm,但是会标注"成品在是149.9~150.1mm范围之内"。这就是所谓的公差。

■ 如何读公差？

公差总是和目标值一起注明在图样或规格中。如果不标明这个公差，就没有判断标准，也就不能做出合格/不合格的判断。

公差表示出针对目标值的标准下限和标准上限。例如，图样显示尺寸是"50mm±0.2mm"的情况下，那么其目标值为50mm，下极限偏差为-0.2mm（49.8mm），上极限偏差为+0.2mm（50.2mm），合格范围为49.8~50.2mm。

■ 通过图形把握制造能力

假设按照"50mm±0.2mm"的指令进行100件产品的加工。如果将加工后的100个工件全部进行测量，并把数据统计入每个设定区间，并在下页的柱状图中显示出来，会看到以下情况：

1）可见目标值50mm与平均值之间的"偏差"。
2）横轴的幅度表示"误差"的大小。
3）在图上标出公差的下限和上限，即可确定不良品的数量。

这种图形被称为直方图。通过这个图，可以一目了然地掌握现场的制造能力。画图方法将在第5章中详细说明。

■ 数据的数量用 n 来表示

在图和表中，需标记所用的数据的数量。例如，3个数据的平均值与100个数据的平均值，其平均值的权重发生了变化。标记符号是小写字母 n，如"$n=100$"。

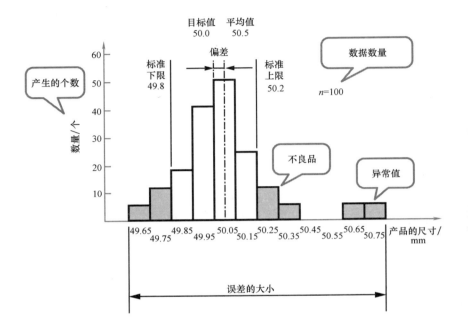

<这张图说明了什么>
1. 目标值50.0mm与平均值的偏差较大
2. 误差大，出现了很多不良品
3. 出现了异常值，尤其是在右侧(这极可能是由突发原因导致的)

4-6 检查和预防的可视化

第 3 章所述的检查和预防的目的及效果,可以用直方图来呈现。

■■ 用直方图确认检查和预防的目标

在第 3 章中所解说的检查是指根据判断标准,确定合格/不合格,只有良品才能进入下一道工序;而预防则是指在源头上杜绝不良品的活动。如果用直方图(详见 4-5 节)来表示,就能更好地理解。

正常情况下,如下页图所示,平均值与目标值之间既有偏差,也有误差。在图中记入标准下限和标准上限,也就是公差时,标准下限左边和标准上限右边的数值都是不良,所以如果能够通过检查消除不良,就会得到中间的图形。

通过这样的方式,可以只把良品传递到下一道工序,但是存在以下问题:

1)不良品被废弃或返工所造成的浪费。
2)存在一些刚刚达标的产品,导致了一定的隐患。

■■ 最大限度地减少和目标值之间的误差

通过预防,可以将目标值精确地对准图的中心,从而将误差降到最低。

如果最下面的图能够实现,即使平均值与目标值略有偏差,又或者即使由于环境的变化,误差幅度稍有增大,企业也可以放心地生产出好产品,因为产品实际测量值与标准之间存在富余。换言之,这就是企业的制造实力。

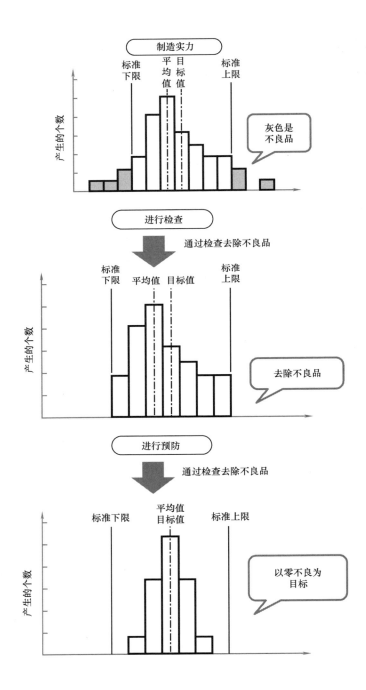

4-7 作为代表值的平均值

从本节开始介绍统计方法。首先是日常生活中经常使用的平均值。

■ 三种统计方法

下面介绍三种统计方法：平均值、范围和标准差。

平均值是表示制造实力时最有代表性的数值，而且它也经常被用来把握实际值与目标值之间的偏差。

范围和标准差表示误差的大小。

下面依次看一下它们的作用。

■ 计算平均值的公式

平均值在生活中很常见。它是将所有的数值相加，再除以数值的数量所得到的值。用符号 x 上加一横表示，读作"埃克斯·巴"。

【例 4-1】

5 个某产品的长度分别为 2.5mm、2.3mm、2.6mm、2.5mm 和 2.6mm。

平均值 $\bar{x}$ = (2.5mm + 2.3mm + 2.6mm + 2.5mm + 2.6mm)/5 = 12.5mm/5 = 2.5mm

【例 4-2】

下面的表格显示了某公司的第一科至第三科的销售人员上个月的销售业绩，第一科和第二科有 5 名销售人员，第三科有 4 名销售人员。

下面来看看平均值，以便了解各个科的实力。

第一科至第三科的销售业绩						
部门	销售员工1	销售员工2	销售员工3	销售员工4	销售员工5	平均
第一科(5人)	24台	27台	25台	23台	26台	25台/人
第二科(5人)	26台	24台	29台	21台	25台	25台/人
第三科(4人)	22台	28台	21台	29台	—	25台/人

平均值分别计算如下：

第一科的平均值 $\bar{x}$ = (24台+27台+25台+23台+26台)/5 = 25台

第二科的平均值 $\bar{x}$ = (26台+24台+29台+21台+25台)/5 = 25台

第三科的平均值 $\bar{x}$ = (22台+28台+21台+29台)/4 = 25台

他们的结果都是一样的。这说明，第一科、第二科和第三科的销售人员的业务实力都是一样的。

<参考>关于平均值的注意事项

①容易受异常值影响

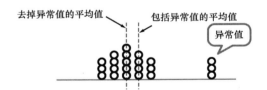

②平均值有时并不具备代表性

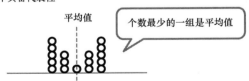

4-8 用范围表示误差

测量值的最大值和最小值的差被称为范围。如果这个差很小,那么误差就很小。

■ 计算范围的公式

用图来表示【例4-2】中的各科的销售数量。

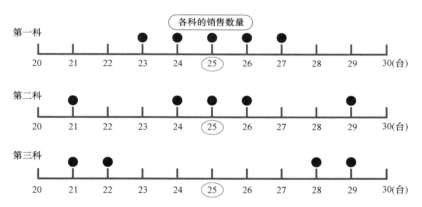

平均值都是25台,是一样的,但从上图中可以看出,第一科的变化不大,第二科和第三科的变化很大。如果能将这种变化进行量化,将会对工作很有帮助。有两种量化参数:范围和标准差。

范围 R 为最大值与最小值之差。最大值和最小值亦即 $x_{\max}$、$x_{\min}$。

第一科的范围 R = 27 台 − 23 台 = 4 台

第二科的范围 R = 29 台 − 21 台 = 8 台

第三科的范围 R = 29 台 − 21 台 = 8 台

从这个 R 值范围可以看到,显然第一科的变化不大,是4台,但第二科和第三科变化大,都是8台。那么,第二科和第三科的变化是否相同呢?如果看图,会发现第三科的变化似乎更大,因为有更多的值远离平均值。为了澄清这种差异，要使用"标准差"这一概念。具体内容在4-9节说明。

〈参考〉测量与有效数字

- 用测量仪器测量时，基本规则是"用眼睛识别出，最小刻度的1/10的数值"，这个用眼睛识别出的数值就是有效数字。
- 例如，在下图所示的测量仪器中，最小刻度为0.1，它的1/10的0.01的位值就需要用眼睛识别。

在这个例子中，它的读值是3.72。也就是说，有效数字是三位。但是，72的2这个值不是一个真实值，是眼睛识别的值。

真实值介于3.715和3.725之间，而3.72只是这个区间的代表。

- 下一步，指针刚好就在最小刻度的位置。

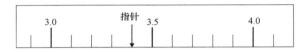

在这个例子中，它的读值是3.40。不是3.4，因为它的有效数字是最小刻度的1/10。
在3.4中，有效数字是两位。
在3.40中，真实值介于3.395和3.405之间。
在3.4的情况下，真实值介于3.35和3.45之间，这远比3.40的情况下的范围要大得多。
- 因此，在使用模拟数值测量仪器进行测量时，必须要注意有效数字。

4-9 用标准差表示误差

> 相对于范围只用最大值和最小值就可以计算，标准差的计算则需要用到所有的数值。

■■ 标准差是与平均值之间差值的平均

标准差这个名字听起来感觉很难，但如果把它分解为标准和偏差，可能就比较容易理解了。偏差是指与平均值的差值，而标准差就是指这个差值的平均。符号用 σ 或 s。

现在来计算一下，之前介绍的【例 4-2】中的 5 个数字（销售员工 1~销售员工 5）的标准差。

■■ 步骤 1　计算与平均值之间的差值

与平均值 25 台的差，销售员工 1 的销量是 26 台，所以差值是 26 台 -25 台 =1 台。同样，销售员工 2 为 -1 台，销售员工 3 是 4 台，销售员工 3 是 4 台，销售员工 5 是 0 台。如果把这些加起来，再除以 5，就可以看到每个人和平均值的差值的平均值。现在把它们加起来，那么，1 台 +（-1 台）+4 台 +（-4 台）+0 台 =0 台，结果为零。这是因为正反两方面互相抵消了。接下来该怎么做呢？

■■ 步骤 2　计算与平均值之间差值的平方

为了让所有的数值都变成正数，要先取平方差，之后再把它们相加。如此，得到 1 台^2+（-1 台）^{2}+4 台^2+（-4 台）^{2}+0 台^2 = 1 台^2+1 台^2+16 台^2+16 台^2+0 台^2 = 34 台^2。这个值在统计学上被称为平方和。

接下来，可以用这个平方和来比较差异性。但如果数值的数量不同，比如第二科 5 人，第三科 4 人，因为数值的数量越大，其平方和也必然越大，所以在这样的情况下，不能进行等量比较。

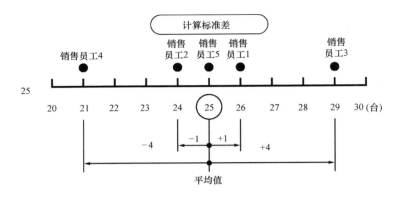

	销售员工1	销售员工2	销售员工3	销售员工4	销售员工5	合计
二科数值	26台	24台	29台	21台	25台	125台
与平均值的差值	+1台	−1台	+4台	−4台	0台	0台
(与平均值的差值)^2	1台^2	1台^2	16台^2	16台^2	0台^2	34台^2

■ 步骤1
■ 步骤2

平方和

■ 步骤3　$\dfrac{\text{与平均值的差值平方的合计}}{\text{数值的数量}-1} = \dfrac{34台^2}{5-1} = \dfrac{34台^2}{4} = 8.5台^2$

方差

■ 步骤4　$\sqrt{\text{方差}} = \sqrt{8.5台^2} = 2.91台$

标准差

■ 步骤3 求和后除以数据个数

接下来,把平方和除以数值的个数,这样就可以进行比较了。在这个例子中,虽然想用平方和 34 除以数值数量 5,但要除以 4,也就是"数值数量-1"。

有的书上用数值数量来除,但主流是用"数值数量-1"来除。至于为什么,可以到统计学书籍中去找答案,但是这里只需要知道怎么做就足够了。

现在,步骤 3 的公式,用平方和 34 除以 4,也就是"数值数量-1",得到 34 台²/4 = 8.5 台²;这个数在统计学上被称为方差。

■ 步骤4 开平方根

因为计算方差使用的数值在步骤 2 中被平方了,单位成了不自然的台²,所以为了把它还原成原来的单位,需要取平方根,这个平方根就是标准差 σ。

也就是,标准差为 8.5 台² 的平方根,即 2.91 台。

■ 用标准差比较误差

利用上述步骤来计算每个科的标准差,可以得到以下结果。

第一科的标准差(数值数量 5)

$$\sigma = \sqrt{\frac{(24-25)^2+(27-25)^2+(25-25)^2+(23-25)^2+(26-25)^2}{5-1}} \text{ 台}$$

$$= \sqrt{\frac{10}{4}} \text{ 台} \approx 1.58 \text{ 台}$$

第二科的标准差（数值数量 5）

$$\sigma = \sqrt{\frac{(26-25)^2+(24-25)^2+(29-25)^2+(21-25)^2+(25-25)^2}{5-1}} \text{台}$$

$$= \sqrt{\frac{34}{4}} \text{台} \approx 2.92 \text{ 台}$$

第三科的标准差（数值数量 4）

$$\sigma = \sqrt{\frac{(22-25)^2+(28-25)^2+(21-25)^2+(29-25)^2}{4-1}} \text{台}$$

$$= \sqrt{\frac{50}{3}} \text{台} \approx 4.08 \text{ 台}$$

总结如下：
第一科的标准偏差 $\sigma \approx 1.58$ 台
第二科的标准偏差 $\sigma \approx 2.92$ 台
第三科的标准偏差 $\sigma \approx 4.08$ 台
由此得到各科之间的差异。

标准差的值越小，差异越小，所以第二科和第三科之间的差异，虽然在范围 R 内无法区分，在这里就变得很明显了。

在之上的公式中，"≈"表示该值是近似值，而不是精确值。这是因为在这个例子中，小数点后第三位被四舍五入到最接近的整数，所以显示为≈。

正如所看到的，范围 R 对于大致掌握变化是有用的，但它的准确度不高，所以在这种情况下需要采用标准差 σ。

（各科的实力）

部门	代表值	误差	
	平均值 $\bar{x}$	范围 R	标准差 σ
第一科	25台	4台	1.58 台
第二科	25台	8台	2.92 台
第三科	25台	8台	4.08 台

如果只是想大致地了解一下误差，使用范围 R。
而如果想要精确地掌握误差，则需要使用标准差 σ

4-10 ±3σ 是一种具有实践性的统计方法

> 将标准差乘以 3，会发现在 ±3σ 范围内囊括了 99.7% 的数据。

■ 观察成年男性的身高分布

日本成年男性的平均身高约为 170cm，代表其差异的标准差为 5cm。通过这两个数字，可以获得多种信息。

例如，根据统计方法可知，95% 的成年男性身高在 160~180cm 范围，也就是说 100 人中有 95 人，这个比例很大。如果进一步扩大范围到 155~185cm，那么这个比例会达到 99.7%。

这样，不需要测量所有成年男性，就可以通过计算平均值和标准差的方式获得新的信息。另外，在这种情况下，原始数值的数量至少应该是 50~100 个。

■ 从标准差看百分比

通过运用左右对称的正态分布理论（见后文），可以得到以下结论：

平均值 ±1 个标准差，约占总数的 70%。
平均值 ±2 个标准差，约占总数的 95%。
平均值 ±3 个标准差，约占总数的 99.7%。

前面的身高例子就利用了这里的第二个公式。

日本 95% 的男性的身高为平均值 170cm ±（2×标准差 5cm）= 170cm±10cm = 160~180cm。

■ 在工作中使用标准差

将标准差应用到工作中。在某一零件的加工中，如果长度的平均值为 20.0mm，标准差为 0.1mm，那么当这个工序的加工实际尺寸为

20mm±0.2mm（2σ）时良品率为 95%，20mm±0.3mm（3σ）时良品率为 99.7%。也就是说，如果该零件的极限偏差为 ±0.2mm，那么每生产 100 件就有 5 件不良品；而如果极限偏差为 ±0.3mm，那么每生产 1000 件产生 3 件不良品。

不言而喻，理想状态当然是零不良，但在现实中，一般认为 99.7% 的良品率水平是个稳定的制造水平。因此，必须对极限偏差进行管理，使"平均值±3σ"位于极限偏差的下限和上限之间。这一观点引出了"过程能力指数"这个概念（在 4-11 节中介绍）。

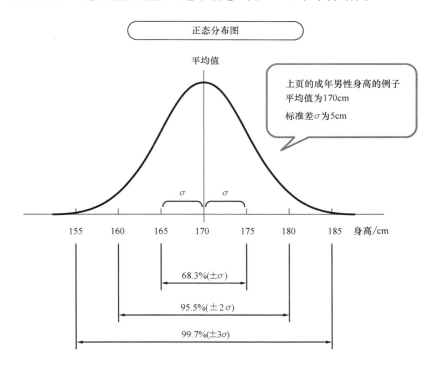

正态分布图

▋用数值表示个人技能

正如所看到的，量化既可以澄清当下的实际情况，也有可能预测出未来的趋势。

有很多个人技能可以用数字来表达。例如，在机械加工技术中，可以测量和量化在一定时间内可以加工的工件数量和与目标值的偏差,同时,通过计算标准差,可以确定变化程度,从而确定工人工作的业绩和稳定性。

即使是在服务行业,工作的处理速度和准确度也是一个重要因素。例如,在对计算机输入数据的工作中,通过测量处理时间和漏项数,可以看出打字员的技能水平。

由此可见,熟练的操作者总是目标偏差小和误差小的。明确了熟练操作者和新手之间的区别,就可以对新手进行更为行之有效的教育和培训。

用数值表示设备的能力

设备的能力体现如下:
1)加工的产品是否符合规格要求(尺寸、特性等)?
2)运行是否稳定?

如果能够量化这两点,将非常有用。关于第 2 点已经在第 2-7 节的"MTBF"中介绍过了。

关于第 1 点,本节介绍的 $\pm 3\sigma$ 和下节介绍的过程能力指数,不仅可以有效地用于现场管理和改善,还可以作为外购设备时的收货检查依据。

外购设备的收货检查时,试生产的产品数量毕竟有限,所以,即使这些试生产的产品检查结果都是好的,也需要在开始批量生产后,努力维持继续生产好的产品。为此,采用 $\pm 3\sigma$ 和过程能力指数对设备进行有效管理。

关于正态分布

如果把 4-5 节介绍的直方图的区间宽度做得很窄,那么图的上端将可以用一条连续的线连接起来。这个左右对称的形状被称为正态分布。它与横轴相接近的点是 $\pm 3\sigma$。准确地说,这条连续线并不会接触到水平轴,但是仅看图的话,似乎在水平轴的 $\pm 3\sigma$ 处有接触。

在把世界上的自然现象和社会现象绘制成图时,许多现象都遵循这种正态分布。当分布不是正态分布时,通常是因为有不同条件的数值混杂在一起,或者现场的制造过程不稳定。

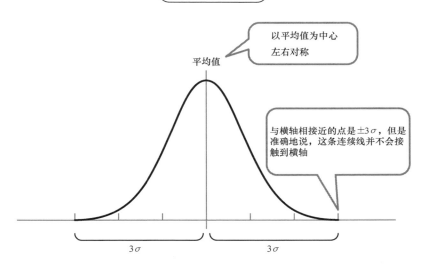

4-11 表示生产良品能力的过程能力指数

过程能力指数是一种客观显示工作现场能力的衡量标准。目标是该指数为 1 或更高。

■■ 过程能力指数意味着生产的可靠性

下面引入一个新的概念——过程能力指数。过程能力并不是指能生产多少台的生产能力,而是指生产好产品的能力。这个能力越高,制造就越可靠。

过程能力指数用 C_p 表示。其看似复杂,但主旨很简单。如果误差小,零部件完全在公差范围内,说生产的就都是良品;但如果误差大,零件就会超出公差范围,从而出现不良品。这个指数就是公差与误差的比值。

■■ 过程能力指数的计算公式

过程能力指数的计算方法如下:

过程能力指数 C_p = 公差/误差 = (标准上限-标准下限)/(6×标准差)

分母 "6×标准差" 与上节介绍的 ±3σ 相同。换句话说,这是一个基于 ±3σ 的指数,既然是基于 ±3σ 的指数,那么过程能力指数 C_p = 1,就是表示良品率为 99.7%,也就是每生产 1000 个产品,良品 997 个,不良品 3 个的能力。

当 C_p 高于 1 时,表示不良率小于 0.3%,这是一个需要努力维持的好状态。而当 C_p 低于 1 时,会出现例如生产 100 台就发生不良的情况,这时需要采取预防措施来改善质量,提高过程能力。

当然,不同的产品对质量的要求程度是不一样的,所以没有必要把所有的东西都按照这个标准来统一。然而不可否认的是,作为一项指标,C_p 确实很方便使用。

一般情况下,把 C_p 分为 1.67、1.33、1.00、0.67 这几个级别来

判断过程能力的高低。原因是进入公差范围的标准差的大小,从上到下是±5σ、±4σ、±3σ(标准)、±2σ。这些值与±3σ的比值就是这些级别。例如,1.67为±5σ/±3σ,接下来的1.33为±4σ/±3σ,其他的几个指数也是如此。

<过程能力指数的等级>

序号	C_p值(或C_{pk}值)	形状	过程能力的等级	不良的程度
1	$C_p \geq 1.67$	标准下限值 平均值 标准上限值 ±5σ	• 足够 • 可以考虑简化管理和制造方法	1000万件中6件
2	$1.67 > C_p \geq 1.33$	标准下限值 平均值 标准上限值 ±4σ	• 够 • 维持现状	10万件中6件
3	$1.33 > C_p \geq 1.00$	标准下限值 平均值 标准上限值 ±3σ	• 一般以这个值为改善目标	1000件中3件
4	$1.00 > C_p \geq 0.67$	标准下限值 平均值 标准上限值 ±2σ	• 不足 • 生产100件就可能出现不良品,所以必须进行彻底的检查和预防	100件中5件
5	$C_p < 0.67$	标准下限值 平均值 标准上限值 ±σ	• 严重不足 • 生产10件就可能出现不良品 • 不适合量产	100件中32件

过程能力指数的 5 个等级

现在,来看看过程能力指数的等级。

1) $C_p \geqslant 1.67$（$\pm 5\sigma$ 级）。

不良品在每 1000 万件中只有几件的水平,即使误差恶化,产品也能顺利生产。可以适度进行管理和制造方法的简化。

2) $1.67 > C_p \geqslant 1.33$（$\pm 4\sigma$ 级）。

不良率处于十万分之几的高位,维持现状即可。

3) $1.33 > C_p \geqslant 1.00$（$\pm 3\sigma$ 级）。

当 C_p 值接近 1 时,不良率为千分之几,所以有必要进行维护和管理。

4) $1.00 > C_p \geqslant 0.67$（$\pm 2\sigma$ 级）。

每制作 100 件就会出现不良品,必须采取全数检查和预防等措施。如果进行质量改善,降低成本的效果很大。

5) $C_p < 0.67$（$\pm \sigma$ 级）。

每制作 10 件就会有几件不良品。能力不足,不适合大规模生产。

基于上述内容,目标是过程能力指数 C_p 达到 1 以上,如果小于 1,需要判断是否开始质量改善。当然,从自身出发制定适合自己公司的判断标准很重要。

当然,即使 C_p 小于 1,也不必悲观。从现在开始提高质量,提高 C_p,就可以带来成本的大幅降低。

C_p 和 C_{pk}

当平均值与目标值吻合时,如前所述,用 C_p 表示。然而,当平均值偏离目标值时,则需要用 C_{pk} 来表示包括偏离在内的过程能力。

1) 如果平均值偏离在目标值的下边,则有

$$C_{pk} = (平均值 - 标准下限) / (3 \times 标准差) \qquad (4-1)$$

2) 如果平均值偏离在目标值的上边,则有

$$C_{pk} = (标准上限 - 平均值) / (3 \times 标准差) \qquad (4-2)$$

从严选择公式（4-1）和公式（4-2）中的较小者为 C_{pk}。

六西格玛（6σ）

这是一种诞生于美国的质量管理方法，是以 100 万件产品中有 3 件以下的不良品为目标。顺便说明一下，这个不良率的统计值其实是 ±4.5σ，六西格玛（±6σ）是假定平均值偏离目标值 1.5σ。如果没有偏离，那么就是 10 亿件中有 2 件不良品。下一页图是平均值偏离在目标值的上边 1.5σ。

C_p =（标准上限－标准下限）/6σ = 12σ/6σ = 2.0

C_{pk} =（标准上限－平均值）/3σ = 4.5σ/3σ = 1.5

六西格玛是一种质量管理方法，其目标是达到非常高水准的 C_{pk} = 1.5。

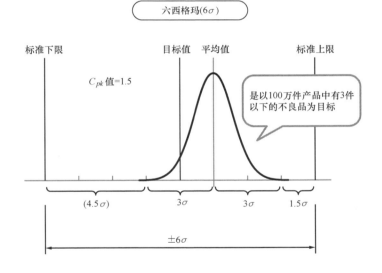

4-12 改善偏差和误差

> 需要从改善与目标值的偏差和误差的两个方面着手，这里确认两者的优先级。

■ 偏差容易处理，误差难处理

质量管理的目的是与目标值完全吻合，尽量减少误差。

那么，改善与目标值的偏差和改善误差哪个更难？答案是后者。减少误差远远难于减少偏差。

例如，假设某工件的长度与目标值有偏差。在这种情况下，可以将偏差量反馈到目标值上。假设目标值为 20.0mm，加工后的平均值为 19.8mm，少了 0.2mm，那么只需下次把目标值设定为 20.2mm 而不是 20.0mm。检查结果，如仍有偏差，则再次修正偏差，就可以在短时间内达到目标值。

与之相对的是，如果是为了消除误差，则必须从加工条件、操作人员技能、设备能力等多个角度来稳定加工工艺。因为这种改善是以技术升级为突破口的，所以一般来说需要很长的时间。

■ 优先改善偏差

如上所述，一般情况下有以下结论：
1）改善偏差相对简单，可在短时间内得到改善。
2）改善误差难度大，费时长。

鉴于此，企业一般优先改善可以立竿见影的偏差，之后再改善误差。

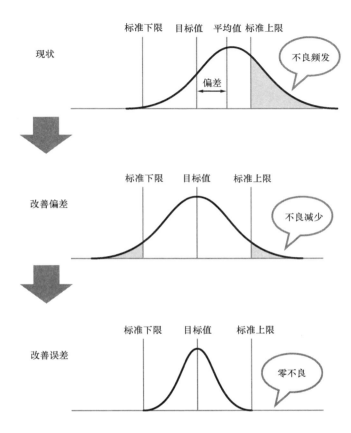

小专栏

"广而浅"地获取一般常识

制造业常识可分为硬件技术和管理技术两大类。

硬件技术主要是指材料知识、加工知识和读图样的知识。这些是基础知识,学习如何选材,如何设计,以及如何读图样。另一方面,管理技术主要包括第1章介绍的质量管理、成本管理和生产管理。

年轻员工应该积极参加培训,广泛阅读相关书籍来掌握这些知识。学习时,可以自己选书,如果不确定读什么书好,也可以请前辈或上级推荐。得到了推荐之后,一定要问他们书中的哪些章节重要,哪些则只是参考。这是因为,一般来说书籍的读者范围都很广,并不是书中所写的所有内容都一定对自己有用。

比如,学习读图样的知识时,比如关于几何公差的内容,就可以放到后面再学;学习材料知识时,一般都是先跳过金属组织学方面的内容;而学习QC七大工具时,先跳过管理图比较好。而这些有用的建议,在书中一般都读不到,所以最好在学习之前先问问前辈或上级。

对于一般的知识,"广而浅"地获取即可。而专业知识作为专业工程师的竞争领域,则需要"窄而深"地获取,并且要以掌握首屈一指的知识和技能为目标。

解决问题的有效方法

5-1 充分利用标准方法

为了解决问题，人们开发出了许多的方法，这里介绍其中一些被证实行之有效的方法。

■■ 可靠的方法

在本章中将介绍一些管理技术。这些方法由来已久，最好能有效利用这些方法，并且尽可能将其效用发挥到极致。

这些方法包括，与改善相关的方法、与专题相关的方法，以及与统计相关的方法。

■■ 本书中介绍的方法

在本书中，不会介绍所有的方法，而是重点介绍以下几种在实践中行之有效且便于使用的方法。

- 关于改善的方法。

① PDCA 循环。

② QC 故事（在 6-5 节中介绍）。

- 关于专题的方法。

③ 头脑风暴。

④ QC 七大工具。

检查表，帕累托图，特性要因图，图形，散点图，直方图，分层。

⑤ 系统图（新 QC 七大工具）。

- 关于统计的方法。

⑥ 平均值、范围和标准差（在第 4 章中有解说）。

另外，对于其他方法（管理图、实验计划法等），将在第 5-13 节中简单介绍其目的。

(常用的方法)

分类	方法		解说页	概要
改善	PDCA 循环		5-2 节	如何进行改善
	QC 故事		6-5 节	如何开展QC圈(小组改善活动)
专题	头脑风暴		5-3 节	产生好想法的会议方法
	QC七大工具	检查表	5-5 节	数据记录表
		帕累托图	5-6 节	了解最大的问题是什么
		特性要因图	5-7 节	找出问题的可能原因
		图形	5-8 节	看到数据的大小和变化
		散点图	5-9 节	掌握两个数据之间的关系
		直方图	5-10 节	看到偏差和误差
		分层	5-11 节	分解数据
	系统图		5-12 节	系统总结实现目标的手段
统计	平均值		4-7 节	代表值
	范围		4-8 节	最大值和最小值之差
	标准差		4-9 节	误差的大小
其他参考	管理图		5-13 节	表示过程是否稳定
	实验计划法，质量工程(田口方法)			利用统计学有效地找到加工和施工条件的最优值
	检定-推定			从少量提取的数据中调查母集团
	相关分析-回归分析			量化两个变量之间的相关程度

■ 并非所有的方法都需要使用

实际工作中需要灵活地选择维护和改善所需的方法。在质量管理中，QC七大工具是众所周知的方法，但是，解决一个问题不一定要把这七种方法都用到，因为方法只是手段，不是目的。从 5-2 节开始，依次来看看各种方法。

5-2 转动 PDCA 循环

作为促进改善的 PDCA 循环。这一方法无论在哪个行业，都广为人知。

■ 如何高效行动？

什么是最有效解决问题的方法？如果是能快速解决的问题，就当场处理；如果是疑难问题，就需要提前制定计划。读者可能在日常生活中经历过以下两种情况。

例如，如果在有空调的房间里感到很热，那就不要犹豫，马上降低空调的温度设置。这时，一般不会去想到，其实湿度比温度更让人感到热，也不会去想感到热是不是因为自己的身体状况。在很多情况下，基于经验就可以直观地解决问题。

另一方面，如果俱乐部的目标是，在一年后的地区比赛中赢得奖牌，那么其成员就不会很随意地练习，而会提前做好计划，把一年分为三个时期：一个时期是加强基本体力，一个时期是提高技术水平，一个时期是练习比赛技巧。成员按照这个计划进行练习，根据进展调整练习内容，最后去参加比赛。一旦目标实现，就会着手制定下一个目标。如果没有拿到奖牌，则会思考失利的原因，并将其反馈到下次训练中。

■ 什么是 PDCA 循环？

推进质量管理亦是如此。如果解决方案很明显，企业就马上处理，如果问题比较困难，企业就提前规划好策略。这不仅适用于质量管理，也适用于包括现场的工作在内的，所有的涉及改善的工作。

在质量管理方面，大部分问题的难度都较大。这里，介绍一种制定策略的方法。其代表就是 1-6 节中介绍的 PDCA 循环。

> PDCA 循环

① 计划 (Plan)
- 确定目的:为什么要着手这个主题?
- 确定目标:确定当前值和目标值
- 确定方法:用5W1H(何时、何地、何人、何事、为何、如何)制定实施计划

② 执行 (Do)
- 准备:准备必要的用品,练习新的方法
- 执行:按计划推进

③ 检查 (Check)
- 确认:用数值把握结果,对照目标把握目标实现的程度
- 掌握问题:梳理已发现的问题

④ 处理 (Action)
- 目标实现的情况下:把新方法标准化,并且对工人进行培训
- 目标未实现的情况下:分析未实现的原因,再次制定对策

PDCA 循环如下:

1) 计划（Plan）：确定目的、目标和方法。
2) 执行（Do）：按计划推进。
3) 检查（Check）：对结果进行评价。
4) 处理（Action）：根据评价结果采取措施。

其中各项的头文字加在一起是 PDCA，按照这个 PDCA 循环行事，就叫作转动 PDCA 循环。循环没有终点，通过一次次地重复循环来提高质量水平。因此，需要持续地改善，这也是质量改善和解决问题的基本原则。

5-3 拓展想法的头脑风暴

本节将介绍头脑风暴，这是一种有效的开会提出新想法的方法。

■■ 头脑风暴的特色

头脑风暴是美国的亚历克斯·F·奥斯本在20世纪40年代发明的一种会议技术。有时也被称作脑力风暴。

它得到了包括服务业在内的各行各业的普遍应用，如今已经成为产生创意的标准方法。在想不出点子的时候，以团队为单位进行讨论，不但可以互相激发彼此的想法，还可以引发连锁反应，发现很多新想法。

这种技术不仅对想法的产生，而且对解决问题也非常有用。

① 当问题的原因不明时，找出可能的原因。
② 当规划解决方案遇到困难时，产生新的想法。

■■ 四个独特的规则

头脑风暴有四个独特的规则：

1）不批评别人的言论。

如果谁批评或拒绝别人的想法，气氛就会变得很糟糕，可能就没有人说话了。所以鼓励包容有争议的发言。

另一方面，鼓励大家提问和咨询。一个新想法的种子将从这一问一答中产生。

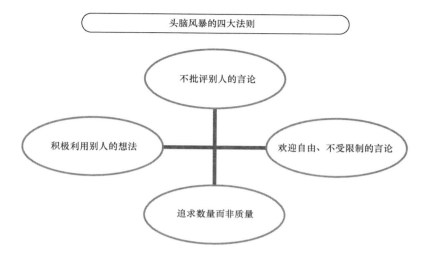

2）欢迎自由、不受限制的言论。

任何想法都 OK。不需要想出一个面面俱到的好主意。以前做过的事情的延伸也可以，当然，那些看似不可行的怪异和独特的想法更好。人们往往在某些时候会被固定的条框所困，头脑风暴的目的就是打破这个条框。

3）追求数量而非质量。

不仅在头脑风暴中，在形成创意的过程中，数量总是比质量更重要。随着数量的增多，质量也会越来越好。不要试图通过减少数量的方式来提升质量。

4）积极利用别人的想法。

欢迎在其他成员的想法的基础上提出新想法。在一般的会议中，人们会在意是谁提出的想法，所以一般不太会根据别人的想法来提出新想法，但在头脑风暴中，目的恰恰是通过互动来扩大想法的范围。

上述规则的独特之处在于，它们与正常会议的规则完全相反。另一方面，要注意的是，不需要讨论的事项不适合应用头脑风暴。

> 头脑风暴的示例

```
<如何在短时间内记住英语单词>
• 整天只说英语。
• 在卫生间的墙壁上,贴上写有英语单词的纸条。
• 交外国男/女朋友。
• 通勤时听英语音乐。
• 相信迷信,把英语词典一页一页地吃掉。
• 相信自己是外国人转世。
• 申请留学。
……
```

（异想天开的想法也没问题）

■ 推进技巧

如何进行头脑风暴没有固定的规则,这里仅仅是提供一些建议。

1) 成员为 2~5 名。

可以少到两个人,但最好是五个人左右。因为这个人数会营造出一种人人都能说话的氛围。如果人数超过这个数量,有些成员可能会有所保留,不发言。为了避免这种情况,如果人数太多,也可以分成两组或以上。

2) 时间最少 30min,最多 60min。

因为并不需要耗时的深思熟虑,所以应该避免长时间的会议。而且,会议的时间要在开始时决定。

3) 由有经验的成员担任主持人,以便进行有效的引导。

因为要营造气氛,引导成员说出想法,所以第一次会议最好由领导（如组长或科长）担任主持人。

4) 把成员所说的一切都写在白板上。

不管多小的事情,都要写在白板上。不需要分类,就按照想法被提出的顺序,写下要点。

这样一来,成员们可以一边思考一边看白板,从而拓展思维。不需要书记员和抄写员,写完后,在白板上拍一张照片,然后转换成

PDF 文件,这就成了会议记录。这样可以防止书记员忙于记录,无暇思考。

5)在轻松的氛围中,无拘无束地发言。

人在紧张的情况下很难想出好主意,所以要尽量营造出轻松愉快的氛围。

6)要严格遵守头脑风暴的四大法则。

在会议开始的时候,也可以提前在白板的左角写上前述的"头脑风暴的四大法则"。在热烈的讨论中,可能会有一些负面的意见,这时主持人要及时纠正方向。

这种方法需要大量的想法,所以如果有不说话的成员,主持人可以问他或她几个问题来引导。目标是产生 30 个或更多的想法。

总结的步骤要放在最后

在白板上写下想法后,按以下步骤整理:

1)对想法进行分类。
2)按类别精选有效的想法。
3)确定优先次序。

当然,谁都希望一次性地把有效的想法全部实施,但当团队的人数较少时,要确定实施的优先次序。与其长时间地同时推进多个主题,不如在短时间内集中精力完成一两个,然后再开始下一个,这样既能快速取得效果,又能保持动力。

头脑风暴的推进技巧

(1) 成员为2~5名。

(2) 时间最少30min，最多60min。

(3) 由有经验的成员担任主持人，以便进行有效引导。

(4) 把成员所说的一切都写在白板上。

(5) 在轻松的氛围中，无拘无束地发言。

(6) 要严格地遵守头脑风暴的四大法则。

5-4 对解决所有问题都有效的 QC 七大工具

说到质量管理，大家都会想到众所周知的 QC 七大工具。下面来看看这些工具各自的特点。

■ QC 七大工具可全方位全场景使用

QC 七大工具很好用，不但可以用来解决现场的质量问题，还可以应用于各种 QCD 问题。

这七种工具分别是检查表、帕累托图、特性要因图、图形与管理图、散点图、直方图，以及分层。但在大多数与 QC 七大工具相关的书中，对图形与管理图分别进行了描述，总结为如下 8 种：

1) 检查表：易于记录和整理数据的表格。
2) 帕累托图：了解最大的问题是什么。
3) 特性要因图：找出可能的原因。
4) 图形：看到数据的幅度和变化。
5) 散点图：掌握两个数据之间的关系。
6) 直方图：显示出偏差和误差。
7) 分层：对数据进行分类。
8) 管理图：掌握该工序是否稳定。

■ QC 七大工具与新 QC 七大工具

在 4-1 节中，介绍了在讨论制造问题时，需要以数值为依据。因此，这七种处理数值数据的工具得到了广泛的应用。

另一方面，新 QC 七大工具是用来处理句子、文字和关键词的工具。新 QC 七大工具包括用线条连接和整理的方法来处理诸如 "……感受"、"做……" 等语言信息的相互关系，以及制定进度计划的方法。

从以上可以得出结论，QC 七大工具是一种对生产和服务的现场进行管理的方法，新 QC 七大工具则是一种适合产品研发和产品策划领域的方法。

▆▆ 推荐使用帕累托图和时间序列的线形图

在 5-1 节中，介绍了在解决质量问题时，不需要把所有的方法都用到。在使用 QC 七大工具时也是同理，需要根据情况选择合适的工具。从经验上看，帕累托图和时间序列的线形图的效果特别好，使用起来也很方便。而对于初学者来说，管理图应排除在学习之外，其原因将在第 5-13 节中介绍。

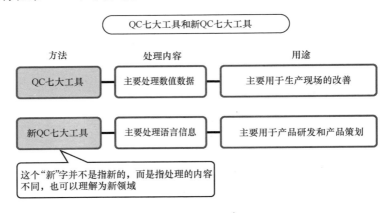

<参考> 新 QC 七大工具

序号	方法	目的和特点
1	亲和图	对大量的语言信息进行分类和整理
2	关联图	将问题写在中心，原因以放射状向周边扩散的形式整理
3	系统图	系统地总结实现目标的手段
4	矩阵图	用按行和列排列的表格来整理两个元素之间的关系
5	矩阵数据分析	在上述矩阵图中加入数值数据，并进行分析
6	箭条图	制定同时推进的多个项目的行程的方法
7	PDPC 法	用流程图描述项目的执行过程

5-5 QC七大工具——检查表

QC七大工具的介绍，首先从用于收集数据的检查表开始。

■■ 使用检查表的目的

管理的前提是量化，量化的目的是客观把握事实。如果不量化，就会只凭感觉和感受来做判断，也就不会看到任何改善的线索。

因此，首先利用检查表来收集数据，并进行调查和了解现状。这是量化的第一步。

另外，这个检查表也可以作为点检表来使用。通过在预设的点检项目空格中输入点检结果，不仅可以检查出异常，还可以防止遗漏检查项目。

■■ 用于调查的检查表的制作方法

因为企业会经常要求现场工作人员填写检查表，所以检查表要尽可能做到减少填写的项目、便于填写、规定调查期间。

步骤1：明确调查目的。

1）明确自己想知道的内容。

2）明确获得的数据将如何使用。

步骤2：确定调查项目和填写项目。

1）确定符合目的的调查项目（不良项目、不良部位、不良数量等）。

2）确定填写项目，如操作人员的姓名、批号、设备名称、检查日期和时间等。

步骤3：确定检查表的格式。

1）在检查项目末尾设置"其他"一栏，方便检查者在发现意外的内容时填写，或者也可以提供两三行的空白。

2）为了便于操作，最好的纸张尺寸是 A4。

3）可以利用 Excel 电子表格高效地制作表格。

步骤 4：决定填表规则。

1）决定由谁来负责填表。

2）决定调查周期（1h、半天、1 天、1 周等）。应该尽量缩短周期，以减轻填表负担。

3）决定何时填表。一发生不良或出现问题就填表，还是在进行一定程度的整理后再填表等。

4）决定填写规则。写数量时，一般使用"正字"或画斜线。如果是由外国人填表，可能会觉得"正字"很难写，这样的情况下画斜线会比较好。另外，如果是汇总后填写，可以直接填数量。

5）填表时要使用纸张。建议避免在电脑屏幕上直接将信息输入 Excel 表。因为当有意外情况发生时要确保能够快捷记录，所以电脑是不适合的。可以使用 Excel 制作表格后打印成 A4 大小记录用纸。

步骤 5：进行调查。

1）向填表人员提出要求，并说明填表方法。

2）开始调查。

3）班组长等负责人需要在调查过程中及时确认进程和填写的内容。

4）确保产品编号、批号、设备名称、检查日期、填表人姓名无遗漏。

步骤 6：整理和分析数据。

1）将表上的数据输入 Excel 表格。

2）计算平均值、范围、标准差等，并制作图形。

(检查表 范例1)

即时填写的例子

组装工序-不良调查检查表

产品编号	NT-0103	检查日	20××/03/06
批号	N-JKKH1508	填表人姓名	××××

	AM	PM	AM合计	PM合计	合计
划痕			2	3	5
剥印			9	6	15
涂料颜色(浅)			1	0	1
涂料颜色(深)			3	4	7
其余		(异物黏附)	0	1	1
合计			15	14	29

(检查表 范例2)

汇总后填写的例子

层压工序-不良调查检查表

产品编号	NJ-0306	检查日	9/1-9/5
工序	A工序	填表人姓名	××××

机号	残次品	周一	周二	周三	周四	周五	合计
1号机	错位	3	2	5	4	4	18
	脱漆	1	0	2	1	1	5
	尺寸不足	5	3	4	2	3	17
2号机	错位	2	2	4	3	2	13
	脱漆	2	1	1	5	1	10
	尺寸不足	4	3	3	2	3	15
1号机小计		9	5	11	7	8	40
2号机小计		8	6	8	10	6	38
合计		17	11	19	17	14	78

■■ 图示调查位置

掌握不良发生的位置对确定原因很重要。但是，用上一页介绍的表格来调查位置有困难，一个方便的方法是在纸上画出被检查物的形状图，并在不良发生的位置用"×"标记。也可以对各个不良项目使用不同的标记，如"○"或"△"。

当填好若干张检查表后，就可以把检查表的边对齐后连续翻阅，这样就可以像看漫画一样，一目了然地看到不良发生位置的趋势。

一般情况下，不良发生在特定位置的可能性比整体平均地发生的可能性要大，因此，如果知道了不良发生位置的趋势，就可以重点关注每道工序中的这些位置，进而为调查不良发生的原因提供线索。

如果想要量化不良发生的位置，可以把被检查物的形状图划分成一个个围棋格子，通过对格子进行编号并记录每个格子中的不良数量来实现。

■■ 用于定期检查的检查表的制作方法

检查表的另一个用途是用于检查，目的如下：
1）使检查易于操作。
2）防止遗漏。

事先确定检查项目、检查方法、检查频率、判断标准等，检查时只需录入测量值和判定结果。

与之前提到的调查用检查表不同，这张表需要事先规定保存期限。保存的目的是保留检查记录。如果出现问题，其将作为重要的资料。为此，还需填写测量日期和时间、产品编号、批号、填表人姓名。

■■ 尽量减少日常检查表的检查内容

检查有两种：一种是日常检查，另一种是定期检查或定期进行的维护检查。

日常检查是对导致不良和设备故障的管理项目进行排查，理想情况下，设备应设计实装自动检查功能，一旦出现问题，立即发出警告信号，同时停止运行。

例如，如果要检查某设备的压缩空气的气压，只需投资几千日元就可以在设备上安装一个压力阀用于异常情况下的报警，而不是在日常检查时目测压力表。

如上所述，目标是尽可能地减少日常检查的项目。

■■ 利用检查表进行定期检查和维护检查

另一方面，定期检查和定期进行的维护检查，用于检查如 2-7 节所述的经年劣化质量，使用检查表检查磨损和老化的程度，并根据需要在零部件上涂润滑脂或更换部件。对于昂贵的部件，通过记录磨损量等有可能延长预期使用寿命。因此，这份检查表也需要事先规定好保存期限，并且按规定认真保存。

日常检查表 范例

C工序-测量仪日常检查表

工序-设备名	C工序-测量仪	检查日	11/1-11/6
设备序号	3号机	检查员姓名	××××

序号	检查项目	检查内容	检查日					
			周一	周二	周三	周四	周五	周六
1	安全罩	确认打开后,测量仪会紧急停止	○					
2	测量探头	确认探头上是否有异物附着	○					
3	传感器	检查传感器的精度	○					
4	数据线	确认是否与测量仪器相连接	○					
5	怪声	重点检查测量块	○					
6	3S[①]	确认设备周围的3S	○					
检查员姓名			××					
审查员姓名			××					

[①] 3S是指整理、整顿、整洁。

5-6 QC 七大工具——帕累托图

> 帕累托图说明了该从哪里着手，它是决定工作优先顺序的最佳工具。

■■ 使用帕累托图的目的

众多发生在现场的问题，很少会以相同的频率发生。它们有的每天都会发生，有的只是偶尔发生。为了在有限的人员（人力）和有限的时间内有效地解决问题，对于损失量大或发生次数多的不良，需要优先采取措施。

帕累托图揭示了按产生的影响的大小的排序和各项在总体中的占比，这是一个非常有用的方法。

■■ 如何读帕累托图

请看下二页底部的 A 零件的不良造成的损失金额的帕累托图示例。横轴是不良项目，左边的纵轴是损失金额的条形图。在此基础上再加上右侧纵轴上的累计比例（%）。累计比例是指按从上到下的顺序的合计数与总数之比。

在本例中，损失金额最大的不良项目是"污渍"，与次之的"色差"合计占到了70%以上。因此，如果把减少不良的工作重点放在"污渍"和"色差"上，并设定"将目前的水平减半"的目标，就可以将损失减少70%的一半，即35%。这就是使用帕累托图的优点。

在不使用帕累托图的情况下，即使将"某某不良减半"列为主题，由于不知道该不良项占总不良的比例，也无法判断这个不良项是否应该立即处理。在这个例子中，不言而喻，改善不良项"脱皮"的优先级是比较低的。

如何制作帕累托图

下面举例如何制作不良造成的损失金额的帕累托图。

步骤1：决定如何分类。

识别所有的不良项。

步骤2：收集数据。

1）使用前面介绍的检查表收集数据。

2）根据单项费用管理簿，计算出一件的损失金额（见1-5节）。

步骤3：整理数据。

1）计算每项的不良品的损失金额和总金额。

2）按损失金额的多少排列不良项。

3）把不良项的数量限制在7个左右。

4）其他较小的不良项归入"其他"项。

5）"其他"项无论损失金额多少，都应放在最后。

6）计算每个不良项的金额损失率。

7）计算累计比例。加入最后的"其他"项，使总的百分率达到100%。

步骤4：在方格纸上画出横轴和纵轴。

1）在横轴上从左到右依次填写各不良项。

2）左侧的纵轴是损失金额。

3）左侧纵轴的顶部，根据总损失金额设置合适的额度。

4）纵轴的长度约为横轴长度的1~2倍。

5）右侧的纵轴是累计比例。

6）将右侧纵轴的100%设置在左侧纵轴总损失金额的位置。

在本例中，将左侧纵轴上的总损失金额99000日元的位置平移到右侧纵轴上，并将此位置设置为100%。

7）每10%或20%画出填入累计比例的刻度。

步骤5：画条形图。

1）从左侧开始，按不良项目的大小顺序画出条形图。

2）条形图的每个条要紧挨着。

A零件的不良造成的损失金额的帕累托图

不良项目	各项不良品数量 ①	一件的损失金额/日元 ②	各个不良项的损失金额/日元 ③=①×②
色淡	56	200	11200
模糊不清	48	1000	48000
混色	25	900	22500
错位	21	300	6300
脱皮	8	300	2400
异物附着	5	1000	5000
其他	18	200	3600
总金额	181	—	④ 99000

按损失金额的大小排列，计算出金额损失率和累计比例。

不良项目	各项不良品数量 ①	一件的损失金额/日元 ②	各个不良项的损失金额/日元 ③=①×②	金额损失率(%) ⑤=③/④	累计比例(%) 把⑤从上往下相加
模糊不清	48	1000	48000	48.5	48.5
混色	25	900	22500	22.7	71.2
色淡	56	200	11200	11.3	82.5
错位	21	300	6300	6.4	88.9
异物附着	5	1000	5000	5.1	94.0
脱皮	8	300	2400	2.4	96.4
其他	18	200	3600	3.6	100.0
总金额	181	—	④ 99000	100.0	—

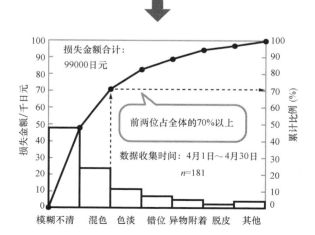

损失金额合计：99000日元

前两位占全体的70%以上

数据收集时间：4月1日～4月30日
$n=181$

第5章 解决问题的有效方法

步骤6：画出累计比例的线。
1) 在最大不良项的条形图右上边打点。
2) 第二点及以后的点用同样的方法，参考右侧的刻度打点。
3) 最后，将每个点用一条线连接起来。并且保证终点是100%。
步骤7：填写必要的信息。
1) 填写帕累托图的题目。
2) 输入损失总额合计。
3) 填写其他必要信息，数据收集时间等。

在实践中充分运用 Excel 表格

在实际工作中，一般会使用 Excel 电子表格软件，即使是对初学者来说 Excel 也不算难，所以鼓励大家不妨学习一下这方面的解说书籍。

使用 Excel 的益处如下：

1) 手动输入原始数据后（本例为每个不良项的数量和每个不良项造成的损失金额），其余的计算（本例为损失金额合计、金额损失率和累计比例），以及步骤4之后的图形绘制可以由软件自动完成。

2) 数据可以很方便地进行更改、删除、添加或复制。

应该基于损失金额还是不良品的数量

在上面的例子中的帕累托图是基于损失金额来制作的。这是因为，正如2-4节所介绍的，内部不良是一个成本概念，所以需要先处理损失金额较大的不良项。

另一方面，每件的损失金额量是通过单项费用管理簿计算出来的（在1-5节中解释），但如果没有这个数据，也可以用不良品数量代替损失金额。

优先级低的项目也需日后改善

排名靠后的不良项，其优先级会降低，但这并不意味着不需要处理。随着优先级高的项目得到改善，靠后项目的排名自然会上升，会在之后的工作中成为改善的对象。

另外，如果是不费力就能解决的问题，即使是优先级低，也应该立即处理。

■■ 改善后的结果也要用帕累托图显示

帕累托图的有趣之处在于，如果将改善后的结果也显示在帕累托图中，与改善前的数字相比较，那么条形的高度差异就成了改善的效果。在改善后制作帕累托图时，要注意将左侧纵轴的刻度设置为与改善前相同。

在改善后的帕累托图中，不良项的顺序与改善前相比会出现变化。这是很自然的事情，经常发生。

第一次改善是在第一或第二项上下功夫，所以当改善起到作用后，会比改善前的第三或第四项的占比少，排名就会发生变化。所以，下一步的改善目标也就发生变化，如此就能一直维持高效工作。

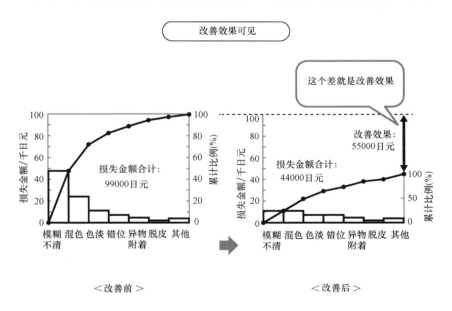

■■ 利用帕累托图

从上面可以看出，帕累托图可以提供各种信息，归纳起来有以下几点：

1) 了解现状。
① 知道哪个项问题最大。
② 知道其占比是多少。
2) 可以用它作为决策时的判断材料。
① 可以客观地选择改善的主题。
② 更容易设定目标值。
③ 可以从数字上把握实现目标时的效果。
④ 改善实施后的结果可以与改善前的结果进行比较。
⑤ 可以明确下一步的改善目标。

对解决任何问题都有效的方法

帕累托图是一个用于提高质量管理的好工具，它还可以用于解决各种问题，包括服务行业的问题。

1) 如果想改善换产工序，那就把换产工序分解成较小的任务，并标出在每个小任务上花费了多少时间。

2) 如果生产周期长是个问题，那就标明从材料投入到最后一道工序之间的每道工序的工作时间和工序之间的停留时间。

3) 如果某行政部门收到了过多的来自外界的咨询，日常运作的速度变慢了，请标出咨询的性质，以及回复每个咨询所需的时间。

4) 如果想降低管理费用，那就标明管理费用的明细项，以及每项费用的支出金额。

5-7 QC七大工具——特性要因图

特性要因图是将可能对问题有影响的因素和问题之间的关系整理成鱼骨图的一种方法。

■■ 使用特性要因图的目的

这是石川博士开发的方法，将"特性"与可能影响特性的"要因"之间的关系用简单易懂的图显示出来。

1)"特性"指的是想解决的问题，比如现场的问题，提高产品性能，或者提高销售额。

2)"要因"是指可能影响特性的因素。

3)"原因"是指实际上产生了影响的要因。

■■ 特性要因图的特点和用途

特性要因图的特点和应用如下：

1) 在画图时，可以无遗漏地识别相关要因。换句话说，就是把它作为识别方法。

2) 可以通过画图将识别的诸多要因和原因整理出来。换句话说，可以把它可以作为一种整理方法。

这种特性要因图可以在两种情况下利用：一种是调查已经发生的问题的产生原因，另一种是识别和预防将来可能成为问题的要因。

■■ 应用于调查原因

当现场调查不能确定问题的原因时，可采用这个方法识别出容易被忽略的要因。需要注意的是，这里列举的要因只是可能性，不一定是原因，但可以作为调查原因的重要线索。对于识别出的要因，从可能性大的开始，依次进行调查。

■■ 应用于预防

另一方面，在应用于预防时，目的是提前对策，以防止问题发生，所以要尽可能假设出所有可能的情况。因此，可以同时使用5-3节介绍的头脑风暴等方法，彻底查明潜在要因。

■■ 用4M对要因进行分类

在识别要因时，本方法的特点是可以分类（主要因）识别。分类方法可以根据需要随意设定，但是下面提到的4M可以通用于大多数的生产现场问题。

1）工人（Man）：工作年限、性别、年龄、勤务体系等。
2）设备（Machine）：型号、种类、维修状况等。
3）工作方法（Method）：作业标准、作业场所等。
4）材料（Material）：生产厂家、批次、生产日期、存储条件等。

因为英文的第一个字母都是M，它们被统称为4M。此外，还有测量、运输、夹具和工具、环境（温度、湿度、振动、电压、水压、气压等）等分类方法。有时会加上测量（Measurement）称为5M。

这种分类识别要因的方法可以帮助找出以前可能完全没有想到的新要因。

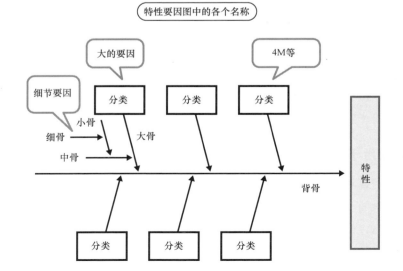

特性要因图中的各个名称

特性要因图的制作方法

在本节中,将展示如何制作特性要因图。

步骤1:明确特性。尽可能用大家都能理解的语言来描述特性。

步骤2:将特性写在右侧边缘的中心位置,并用方格把它围起来。

步骤3:从左侧边缘画一个到特性方格的箭头作为背骨。

步骤4:决定分类(主要因)方法。例如前面介绍的4M。

步骤5:在背骨上下分别写上分类,并用方格围起来。

步骤6:从分类方格画一个箭头到背骨,作为大骨。

步骤7:确定细节要因。

1)应用头脑风暴。

2)最好按类别讨论。

3)重点专注于识别的要因的数量(重视数量而非质量)。

步骤8:写下讨论中得到的要因。

1)写出细节要因,并画出指向大骨的箭头作为中骨。

2)写出与该要因有关的内容,作为小骨。

3)写出进一步的有关事项,作为细骨。

步骤9:完成后,审阅整体,补充遗漏的内容。

步骤10:选择需要重点注意的要因,并且用圆圈标出。

一般情况下,圈定认为影响较大的要因,但在实际操作中,影响较大的要因大多已经得知。因此,使用这种方法的目的更侧重于寻找遗漏,发现以前没有认识到的新要因。

步骤11:在进行原因调查时,需要决定所选要因的核查方法、负责人、时间安排。如果是预防,需要考虑针对识别的要因的对策。

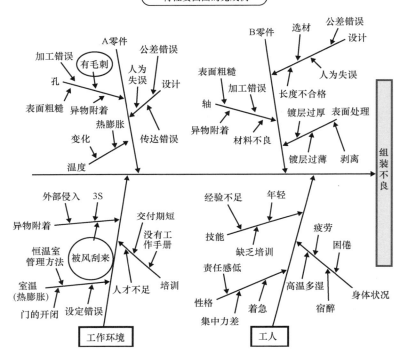

■■ 制作时的注意事项

根据层次结构的不同，应该把识别的要因写在中骨、小骨还是大骨呢？制作时可能会有一些犹豫。其实不用担心，因为层次颠倒也没关系。

图示的已经完成的特性要因图的例子整理得很工整，但在实际制作过程中，都是一边讨论一边写，所以不会太工整。尤其是在头脑风暴时，会马上就填写各种意见和想法，所以会填写得比较乱，有时同样的内容可能会填在好几个地方，但这些都没有必要去纠正。

■■ 使用特性要因图是最优选择吗？

作为识别手段和整理手段，不仅是特性要因图，像新 QC 七大工具（5-12 节介绍）的系统图这样的系统总结方法也是一个选择。请大家在尝试的过程中，找到适合自己的方法。

就笔者个人而言，无论是在做工程师时，还是现在从事咨询工作时，都是采用系统图法，而不是特性要因图。

然而，无论选哪种方法，使用 4M 或 5M 来分类都是非常有用的。

5-8 QC 七大工具——图形

> 电视新闻在表述人口趋势、政党支持率的变化时一定会用到图形。这是对调查对象可以一目了然的好方法。

■■ 图形的特点和种类

在 QC 七大工具中,大家最熟悉的方法可能就是图形。因为其在报纸文章和电视新闻中经常被使用。

图形的特点如下:

1)可以看到调查对象随时间变化的状态(时间序列)。

2)容易比较前后数值的大小。

图形的类型有以下几种:

---

1)线形图:显示随时间的变化(时间序列)。

2)条形图:显示数量的大小。

3)饼图:显示百分比(%)。

4)带状图:与饼图相同,也是显示百分比(%)的方法。

5)雷达图:显示各项目的占比。

■■ 时间序列的线形图最容易上手

正如第 4 章中介绍的那样,仅看原始数据不能掌握变化。此时,发挥作用的是图形,尤其是显示时间序列的线形图,最大的特点是就是显示随时间的变化,如 4-3 和 4-4 节所述。

另外,不仅是线形图,其他的几种图形也都可以用 Excel 轻松制作。希望大家在工作中充分使用,物尽其长。

图形的类型和特点

序号	类型	图例	特点
1	线形图	（数值随时间变化的折线图，横轴为时间1~8，纵轴为数值）	• 显示随着时间的变化（时间序列）。 • 时间在横轴上，数值在纵轴上。 • 用于显示良品率的变化等。
2	条形图	（A、B、C、D四个项目的柱状图，纵轴为数值）	• 显示数量的大小。 • 项目在横轴上，数值在纵轴上。 • 用于分别显示各种不良的数量等。
3	饼图	（A 40%、B 25%、C 20% 的饼图）	• 整个圆显示整体100%，各个扇形表示各项所占的百分比（%）。 • 用于显示各个不良项的占比或者各工序的工作内容的占比。
4	带状图	（横向带状图：A 42%、B 23%、C 20%，横轴0~100%）	• 像饼图一样 也是显示百分比（%）。 • 把一个整体画成一个长方形，在其中把每个项分开。 • 一般用于显示分年龄段的调查结果等。 • 在制造领域，饼图的使用频率更高。
5	雷达图	（A、B、C、D、E五项的雷达图）	• 显示每个项的时度。 • 从中心出发，根据项数画出呈放射状的半径线，在半径线上标出进度点，并连接各点。 • 用于显示学校的考试成绩等，很少用于生产现场。

■ 从时间序列的线形图中获取不良原因的线索

时间序列的线形图对调查异常值的产生原因很有用。如果能从图中找到根据时间变化的规律，将是非常有用的信息。

如下图所示，需要关注异常与时间的关系。

1）要注意发生异常的间隔。如果总在相同的间隔发生，就有规律可循。

2）注意发生异常的时刻。如果总是在每天的相同时刻发生，就是具有规律性。

找到了第 1 点中的间隔规律后，在实际工作现场找出随间隔变化的要因。例如，注意工人是否发生了变化，材料是否发生了变化，又或者是否进行了换产等。

如果能在第 2 点中找到异常时刻的规律性，就能发现问题发生的时刻与其他时刻的工作环境的差异，这将是一个很大的线索。

虽然从图中无法直接判断原因，但是可以缩小原因的范围。

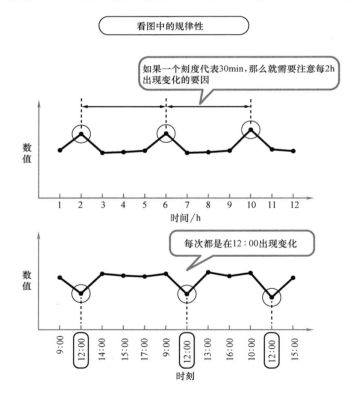

5-9 QC 七大工具——散点图

> 研究两个数据之间的关系时,如果其中一个发生变化,另一个也随之发生变化,那么就可以说两者之间有相关性。

■■ 使用散点图的目的

散点图是一种研究两个数据之间的关系的方法。例如,身高和体重之间的关系。根据经验可知,身高更高的人体重也比较重,这就是所谓的相关性。

另一方面,身高与视力的关系呢?是不是身高越高的人,视力就越好?当然不是这样,那就叫不相关。

掌握两个数据之间的关系具有以下优点:

1)确定影响要因。

如果通过特性要因图识别的要因(如压力、温度、湿度等)与特性(硬度、透明度、磁性等)相关联,则这些要因可能就是问题的原因。

2)优化加工条件。

例如,如果加热温度与某种食品的含糖量之间存在相关性,则可根据散点图确定达到所需含糖量的最佳加热时间。

3)选择简单的管理方法。

相对于高负荷、高成本的管理方法,如果有一种简单的管理方法与之有很强的相关性,那么可以考虑采用这种简单的管理方法。

■■ 散点图的制作方法

步骤1：收集至少50对数据（x 和 y），在上页的例子中，x 是身高，y 是体重。

步骤2：识别数据 x 和 y 的最小值和最大值。

步骤3：画横轴和纵轴。

1）以 x 为横轴，以 y 为纵轴画直线。

2）求出 x 的最大值和最小值的差值（范围）。

3）求出 y 的最大值和最小值的差值（范围）。

4）分别给 x 轴和 y 轴定刻度，使 x 轴长度和 y 轴长度大致一样。因为正方形更便于观察。

步骤4：在图中打上各个数据点。

步骤5：填写必要的信息。标题、数据的数量、制作日期等。

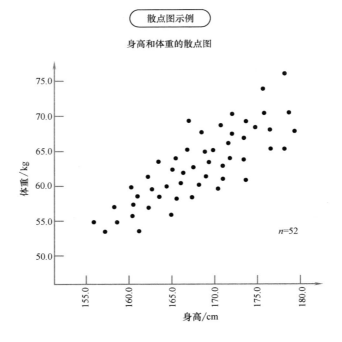

散点图示例

身高和体重的散点图

■■ 散点图的六种模式

当横轴的数值增大时，纵轴的数值也增大，称为正相关，反之称为负相关。

相关主要有六种模式：强正相关，弱正相关，强负相关，弱负相关，无相关，非线性。

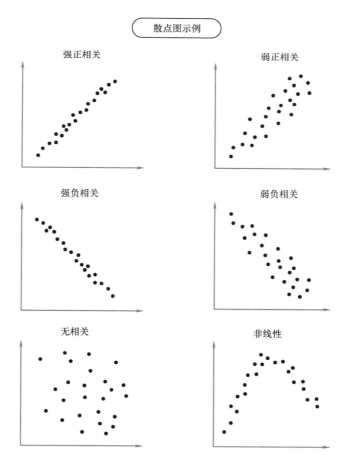

散点图示例

■■ 最小二乘法是一个方便实用的方法

当相关性较强时，如果能用一个公式（线性函数）来表示这个相关性，就会很有用。在前面的身高和体重的例子中，可以十分具体

145

地知道一个身高 170cm 的人的体重。当然，由于人与人之间存在差异，所以这个体重值可能不是很精确，但它一定是有参考价值的。

这个公式的思路很简单，在散点图中画一条线，让每个点到这条线之间的距离之和最小。这条线就成了表示相关性的公式。这种方法称为最小二乘法。

不过，如果想用人工来计算，那就很麻烦了，这里推荐使用 Excel。

通过使用"LINEST 函数"，就可以轻松得到公式。例如，在前面的身高 x 和体重 y 的关系中，可以得到 $y=0.62x-42.5$ 这个公式，那么一个身高 170cm 的人的平均体重为 $y=(0.62\text{kg/cm} \times 170.0\text{cm}) - 42.5\text{kg} \approx 62.9\text{kg}$。

<参考>最小二乘法的概念

找出点到线的距离之和最小的线的方程。这个概念就是最小二乘法(回归分析的一个例子)

5-10 QC 七大工具——直方图

直方图的作用是可以展现代表现场能力的偏差和误差。

■■ 掌握偏差和误差

4-5 节介绍的直方图客观地显示了偏差和误差。可以一目了然地掌握数据在允许范围内的，也就是相对标准下限和标准上限的分布情况。这样做的目的是提高目标值的精度，尽量减少误差。

■■ 直方图的特点

将数据分成若干个区间，区间中包含的数据的数量表示为频率（出现频率）。把数据区间放在横轴上，把频率放在纵轴上，以长柱的形式来显示数据的分布，就可以掌握过程能力。直方图的功能如下：

1）掌握目标值的"偏差"。
2）掌握"误差"的幅度。
3）掌握是否有"异常值"。

■■ 直方图的制作方法

在本节中，将用一个例子来展示如何制作直方图。

步骤 1：收集数据。理想情况下，应收集 100 个以上（见下二页上表）。

步骤 2：识别数据的最小值和最大值。本例中，最小值为 89.0，最大值为 90.9。

步骤3：决定区间数。

1）区间数约等于数据数的平方根。

2）如果出现小数，将其四舍五入为整数。

3）在本例中，有100个数据，所以100开平方得10。

步骤4：设定区间的宽度。

1）区间宽度=(最大值−最小值)/区间数。

2）使区间宽度的位数与数据的位数相同。

3）本例中，区间的宽度=(90.9−89.0)/10=0.19≈0.2。

步骤5：决定区间宽度的具体数值。

1）把区间宽度的边界线定为最小测量单位的二分之一。

2）第一个区间的下侧边界值=最小值−最小测量单位/2。

3）在本例中，第一个区间的下侧边界值=89.0−0.1/2=88.95。

基于以上，第一个区间为88.95~89.15。

4）第二个区间之后，只依次需要增加0.2的区间宽度。

步骤6：决定区间的中心值。

1）确定直方图中要输入的区间宽度的中心值。

2）在本例中，第一个区间的中心值=(88.95+89.15)/2=89.05。

步骤7：统计每个区间的数据数（频率）。

步骤8：画出横轴和纵轴。

步骤9：将每个区间的数据数（频率）画为长柱。

步骤10：填上平均值、标准下限、标准上限。

1）标准下限和标准上限，用图样上的公差表示。

2）本例中，由于极限偏差是±0.5，所以标准上下限分别为89.5和90.5。

(直方图的制作方法)

<尺寸数据>产品长度(单位:mm)
规格:90.0±0.5mm $n=100$

<原始数据>

89.6	90.2	90.4	90.1	89.7	90.7	89.8	90.2	90.5	90.0
90.0	89.0	89.9	89.5	90.5	90.0	89.7	89.5	89.3	90.7
89.8	89.9	90.0	90.3	89.8	89.2	90.6	89.9	90.4	89.6
89.2	90.5	89.4	89.9	90.1	90.5	89.1	89.7	89.9	90.1
90.6	89.6	90.8	90.0	89.3	90.1	89.9	90.1	89.8	89.4
89.7	89.5	90.2	89.4	90.4	89.6	90.0	89.4	89.7	89.9
90.3	90.0	90.1	90.2	90.0	90.9	89.5	89.8	90.1	89.7
89.4	89.8	89.7	89.6	89.9	89.8	89.9	90.5	89.1	90.2
89.9	89.5	89.2	89.9	89.8	90.3	89.3	90.0	89.9	89.5
90.1	89.9	89.8	90.0	89.5	89.9	90.2	89.6	90.3	89.8

<频率表>

序号	区间	中心值	频率
1	88.95~89.15	89.05	3
2	89.15~89.35	89.25	6
3	89.35~89.55	89.45	12
4	89.55~89.75	89.65	13
5	89.75~89.95	89.85	24
6	89.95~90.15	90.05	18
7	91.15~90.35	90.25	10
8	90.35~90.55	90.45	8
9	90.55~90.75	90.65	4
10	90.75~90.95	90.85	2
合计	—	—	100

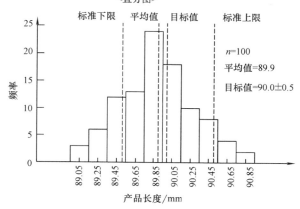

步骤 11：填写必要的信息。

1）填上题目。
2）数据总数以"n = 数据数"的形式填入。
3）输入其他信息，如制作日期。

■■ 如何读直方图

首先，要看整体的形状。在一个稳定的过程中，数据呈正态分布（左右对称形状：见 4-10 节）。如果是正态分布，需要注意与目标值的偏差和误差。

非正态分布的形状特征有"双峰型""孤岛型"和"陡壁型"。双峰型被认为是两个均值不同的分布的混合。两台机器之间的差异，两个工人之间的差异，以及白班和夜班之间的室温差异都可能是原因。这个问题，将通过使用在 5-11 节中解说的分层的方法，把数据分层之后制作直方图来解决。

孤岛型的形状特征是，在距离主数据群较远处有少量的数据分布，一般发生在少量异质物混入时。例如以下情况：

- 之前的批号的产品中有一小部分被遗留在设备里，与当前批号的产品混在一起。
- 混入了有问题的产品。
- 换产时，调节设备用的试件混入产品中。
- 掉落在生产现场的出处不明的产品的混入。
- 加工条件不稳定。

陡壁型是指一侧平缓，而另一侧陡峭下降。如果原材料或半成品的验收结果是这种陡壁的形状，一定要提起注意。这明显是产品在出厂检查时经过了筛选，稍有疏忽，就会有不良品汇入。这种情况下，产品不能放心使用。

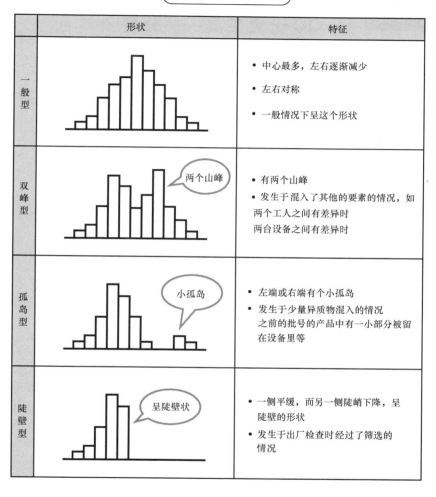

直方图的形状

	形状	特征
一般型		• 中心最多，左右逐渐减少 • 左右对称 • 一般情况下呈这个形状
双峰型	两个山峰	• 有两个山峰 • 发生于混入了其他的要素的情况，如 两个工人之间有差异时 两台设备之间有差异时
孤岛型	小孤岛	• 左端或右端有个小孤岛 • 发生于少量异质物混入的情况 之前的批号的产品中有一小部分被留在设备里等
陡壁型	呈陡壁状	• 一侧平缓，而另一侧陡峭下降，呈陡壁的形状 • 发生于出厂检查时经过了筛选的情况

5-11 QC 七大工具——分层

分层与其他的 QC 工具大不相同。与其说是方法，不如说是处理数据时的注意点。

■■ 有意识地分层

在处理数据时，按设备、操作人员、材料等进行划分，称为分层。

如果有 10 台设备在运行，其中的一台设备出现了问题，那么问题会隐藏于 10 台设备的汇总数据之中。另一方面，如果按设备整理数据，就可以找出有问题的设备，并采取适当的对策。

在制作本章介绍的帕累托图、特性要因图、图形和直方图时，这种分层意识尤为必要。如果不分，就会因为它们处于混杂的状态而不容易看清事实。

■■ 最基本的分层是按工序来分

最基本的分层是按工序分。无论是质量改善还是工作改善，都需要注重工序。例如，像磨损这样的质量问题，分别出现在 A 工序和 B 工序时，一般情况下其原因不尽相同。

■■ 分割数据

最常见的分法是 5-7 节特性要因图中介绍的 4M。在这个分法上加上测量和时间两项。

1）工人：工作年限、性别、年龄、出勤时间（昼夜）、所属班组等。

2）设备：型号、机器号码、自动化程度、夹具和工具等。

3）工作环境：工作方法、工作地点、温度、湿度等。

4）材料：生产厂家、批次、生产日期、存储条件等。

5）测量：测量者、测量仪器、测量方法、测量地点等。

6）时间：几点、上午、下午、星期几、昼夜、季节、月份等。

■ 在检查表上记录调查条件的意义

调查结果用 5-5 节所述的检查表记录。需要记录的内容包括操作者的姓名、使用的设备、调查的日期和时间，以及检查员的姓名等。这些条件可以在收集数据后对其进行分层时使用。

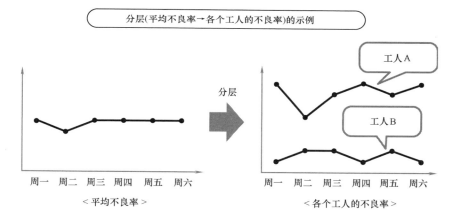

这个例子里，着眼于工人A和工人B的差异，然后制定计划为对工人A进行教育培训

5-12 系统图法（新 QC 七大工具）

新 QC 七大工具之一的系统图是一个解决问题的有效方法。它对信息的集中化也很有用。

■■ 新 QC 七大工具的特点

目前介绍的 7 个 Q C 工具，除了特性要因图，其他都是处理数值数据的方法。然而，新 QC 七大工具处理的是语言信息，这是一种通过图示来整理问题和想法，以及解决方案的方法。

新 QC 七大工具中有 7 种方法，这里介绍一下对生产现场有效的系统图法。

■■ 使用系统图法的目的

它是一种系统性地整理解决问题的手法和实现新目标的手段的方法。把手段转换为目的，然后进一步探讨和制定更详细的手段。

形象地说，针对"做○○"这个做某事的手段，可以用一个目的来代替这个手段，并针对这个新目的制定更详细的手段——"为了得到○○，需要做△△"。根据情况，还可以进一步转换。

■■ 系统图的制作方法

系统图的制作步骤如下：
1）设定需要解决的问题。
2）探讨解决这个问题的 1 级手段。
3）接下来，用目的代替 1 级手段，然后探讨 2 级手段。
4）直到达到可以具体实施的程度。

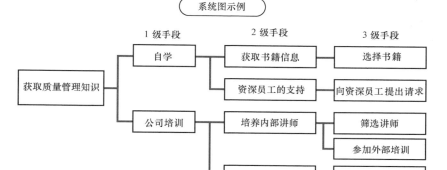

【获取质量管理知识的策略】

序号	1级手段	2级手段	3级手段	负责人	截止日期
1	自学	获取书籍信息	选择书籍	××	5/10
2		资深员工的支持	向资深员工提出请求	××	5/10
3	公司培训	培养内部讲师	筛选讲师	××	4/20
4			参加外部培训	××	5/30
5		制定年度计划	整理教育体系	××	5/10

■ 系统图的应用

使用系统图的例子如上图所示。但是，在实际操作中，这种总结方式并不是很方便。而将数据汇总到 Excel 表格中更有效率，如图下的表所示。

把系统图做成表格，并根据需要添加负责人、日程安排、进度和结果状况等栏。需要注意的是，要把所有信息都集中到这一个表里，不要分散信息。

5-13 其他方法

这一节的方法不常使用，这里简单介绍一下它们的目的，仅供参考。

■■ 使用管理图的目的

管理图是 QC 七大工具之一，先简单介绍一下其概要。生产现场的误差可以分为两大类：基于偶然原因造成的误差和基于异常原因造成的误差。前者被认为是不可避免的，因为即使经过适当的管理，也会不可避免地发生，也就是说它不属于管理范畴。

而后者是一种异常现象，如果不采取对策，就会导致不良的发生。管理图的目的就是为了发现异常情况。

按一定间隔测量的一组数据称为组，根据每组的数值建立线形图。管理图是指，在线形图上画出，用一定的公式计算出的管理限界线的图。

当某个点越过管理限界线，或即使在管理限界内，但是以一定的规律出现时，可判断为发生了基于异常原因的误差。可以从这个结果出发，调查误差的原因。换句话说，管理图是一种管理过程是否稳定的方法。

■■ 管理图只有在高质量水平的现场才有效

管理图的目的是显示一个过程是否稳定，说的极端点，如果一个过程的不良率一直保持在 20%，那么管理图显示的结果其实是稳定状态。

因此，如果不良每天都在发生，那么使用管理图就没有意义了。首先要做的是提高产品的质量，因为在还没有确定产品是否稳定的时候，不良就已经出现在眼前了。先通过改善降低不良率，达到可以放心生产的状态，这时使用管理图才有意义。否则，如果仅仅想看不良率的时间趋势，那么用前面介绍的时间序列的线形图就够了。

基于以上原因，在良品率低于 99.7%（过程能力指数）的情况下，不建议使用管理图。

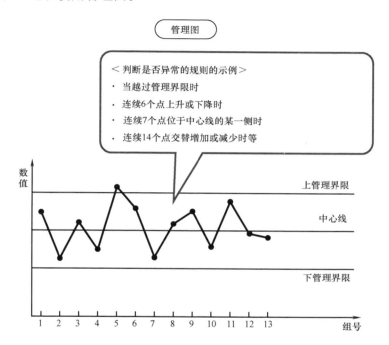

■ 什么是实验计划法和质量工程（田口方法）

当某一个制造方法中存在好几个提高质量的因素，而这些因素之间又有着错综复杂的关系时，要想找到每个因素的最佳值，就需要进行许多实验，花费大量的时间和成本。

实验计划法或质量工程是用最少的实验次数，有效地找到最佳值的方法。质量工程也被称为田口方法，因为它是由田口玄一博士发明的。

这是工程师在开发产品时使用的一种方法，利用统计方法有效地优化产品和制造工艺。换句话说，它是用来提高设计质量的一种方法，如 2-2 节中的图所示。而如果是要提高制造质量，那么还是应该交给专业工程师来做，因为这需要硬件技术的知识。

■ 检定-推定与相关分析-回归分析

检定-推定是指,通过对从大量数据(母群)中提取的少量数据,来调查母群的方法。检定的目的是检验事前提出的假设是否正确,推定的目的是反推母群的范围。

相关分析-回归分析是一种量化两个变量之间相关程度的方法。5-9节介绍的最小二乘法就是这种回归分析的一个例子。

由于这些统计方法不经常使用,所以在有需要的时候再学习,或者直接交给这方面的专家去做就可以了。

第 6 章

如何推进质量改善（一）

6-1 质量改善需要团队的努力

改善质量时,采用团队合作很重要,比个人努力的效率要高得多。

■■ 了解质量改善的技巧

在本章和第 7 章中,将介绍一些关于推进质量改善的技巧。管理原本是指维护和改善,所以用"质量管理"这个词也可以,但用"质量改善"来代替"质量管理"可以表达通过改善活动迅速提高工作能力的强烈愿望。

先从组织方面说起,比如如何建立改善活动的团队,以及各部门的职责。

■■ 质量改善需要由团队推进的理由

质量改善应该是一个团队的努力,不建议让每个人自己去改善。例如,不应该指定一个人负责一个不良项,例如,A 员工负责这个,B 员工负责那个。原因如下:

1) 解决不良不容易。如果容易的话,早就解决了。
2) 以团队为单位进行讨论,效率更高。
3) 当改善工作停滞不前时,个人在精神上会感到沮丧。

团队讨论在分析原因和规划对策方面尤其有效,因为团队讨论产生的意见和想法比一个人要多得多。另外,这种讨论应按 5-3 节所述的头脑风暴的方式进行。

■■ 如何决定成员的构成和负责人的人选

建议团队由最熟悉现场的工人、班组长等组成。同时,建议赋予团队负责人足够的权限。

这里的权限指的是可以决定团队讨论通过的内容实施与否的权

限。负责人的权限因公司不同而不同，一般来说和现场比较紧密的股长级比较合适。

如果有权限的人既不是团队成员也不出席讨论，而且他事后听取会议报告时没有批准，那么这不仅造成了时间的损失，也影响了成员的积极性。

一个团队的人数最多应该在 5 人左右，因为人数少的时候讨论比较活跃。

这样，就能打造出一个功能稳固的组织。不建议像以前的 QC 小组那样，由成员自我管理（见 2-8 节）。管理人员和监督人员发挥管理职能很重要。关于这一点，将在 6-2 节解说。

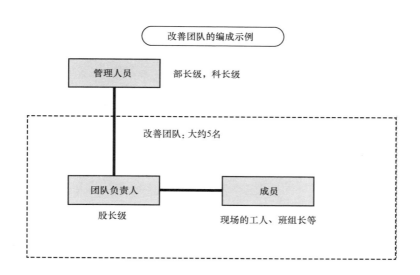

■■ 团队活动也不需要每个人都参与

团队活动不一定要像 TQC 那样，所有部门的所有员工都参加，让相关的成员在提高制造质量上下功夫效率更高。

但是，由于员工具有"改善的感性"是制造企业的一大优势，所以建议建立改善建议制等制度，让所有员工都能畅所欲言地提出建议。

■■ 确定详细的实施流程

此外，在讨论数据收集和对策实施时，必须详细地确定实施流程。

例如，如果要收集当前的不良数据，需要提前开一个会议，决定数据收集的目标产品，确定所有要记录的事项，以及决定数据收集的期限，如果需要合作，要确定找谁合作。这是因为，如果有任何遗漏，就必须重新进行数据收集，那样会造成很大的损失。

确定具体流程后，要落实每个事项的负责人和时间表。这时，由个人负责实施也可以，因为详细的流程已经确定了，只要按照流程进行就行，所以不需要担心不知所措的状况。

6-2 管理人员的作用

除了充分发挥成员的自主性优势之外，改善活动还需要管理人员自上而下地推进。

■■ 管理层需要适时做出决定

既然改善活动是业务的一部分，那么就必须产生成果。因此，管理人员和主管需要确定两点：活动的主题和目标是否符合公司的方针；主题是否适合成员的能力。

为了提高某道工序的质量，有一条准则是，如果良品率在99.7%以下（过程能力指数在1以下），可以立即着手处理，争取取得显著的效果；而另一方面，如果不良率在99.7%以上（工艺能力指数在1以上），因为已经处于非常高的水平，改善的难度程度加大，故需要长期推进且很难看到成效。因此，如果有一个工序的过程能力指数为1或更低，就需要由管理层及时做出开始改善活动的决定。

■■ 质量改善之外的现场改善需要优先进行

另外，如果通过前后工序的改善，就可以保证较高的良品率，那么管理人员有责任根据整体 QCD 来确定工作的优先级，例如工作方式的改善、设备利用率的提高、生产周期的提高等，而不是仅仅局限于提高质量。

还有一点是，确定主题的难易程度。如果是一个过去尝试过多次但没有解决的主题，除非采取不同的方法，否则仍会重复同样的结果。尤其是如果原因出在硬件技术，那就是专业工程师应该努力的主题。

如上所述，管理人员和主管在确定适当的主题方面需要发挥重要作用。另外高层管理人员对主题做出具体指示也是行之有效的，而不是仅仅让团队自发选择主题。

■■ 确保成员从事改善活动的时间

在现场开展活动时，首先出现的问题是如何保证改善活动的时间。对于成员来说，日常工作时间内的工作量是固定的，要抽出时间来开展改善活动并不容易。

因此，必须通过减少目前的工作量或向其他部门请求支援等措施来保证改善活动所需的时间，这是管理人员的职责。

另外，如果因改善活动而停产，不仅计划好的生产量得不到保障，而且前道工序的产品会作为在制品堆积起来，后续工序也会因为前道工序的断流而停工，情况严重时，会提高延迟交货的风险。

因此，与前后工序的协调是必要的，但这不是一个公司的现场员工应该做的事情，而应该由有权限的管理人员和主管在生产管理中进行协调。

■■ 自上而下的进度管理

由团队来制定计划并执行，但管理人员要管理进度，像正常工作一样，检查是否按计划进行。如果进度不理想，管理人员需要及时听取团队负责人的意见，查明原因，并下达相应的指示。

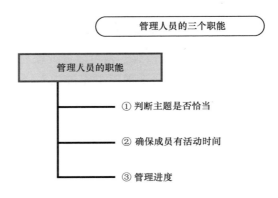

管理人员的三个职能

6-3 质量管理部门的作用

质检部门的职责是什么？不是自己去做改善，而是作为指挥塔思考"应该是什么样"。

■■ 质量管理部门负责制定机制

接下来思考一下质量管理部门的作用。因为每个公司的质量管理部门的职责不同，所以没有标准答案；这里介绍一个质量管理部门"应该是什么样"的例子。

质量管理的目的是防止外部不良和防止不良的产生。质量管理部门负责制定机制来实现这些目标。换句话说，起到质量管理的指挥塔的作用。

在这里需要强调的是，如果让质量管理部门的成员自己承担质量改善的实际工作，那么他们会花费大量的时间在那些一时无法解决的问题上，而无法专注于制定机制。

所谓"制定机制"，就是考虑如何将检查和预防纳入生产线，以及决定如何具体操作。明确检查项目和检查标准，并根据需要及时进行复核，以确保检查方式和流程有效。此外，质量管理部门还负责预防体系的构建和运营，包括应该启动哪些不良对策，以及采取哪些措施。

■■ 由现场成员负责维护和改善

另一方面，基于机制的维护和改善主要由熟悉该领域的现场人员来完成。特别是改善，如6-1节所述，需要一个团队的努力。

当然，质量管理部门要从整体优化的角度出发，对所实施的任何临时性或永久性措施是否合适做出判断。

如果把它比作一棵树，质量管理部门的作用是建立树干（质量管理的机制），而枝干（维护和改善）则应该由现场人员实施。

在那些由少数员工进行生产的企业中,很少有独立的质量管理部门,制造部门可能也负责质量管理。但概念完全相同,所以制造部门也应从机制创建和质量改善两个角度推进工作。

到目前为止,已经介绍了一些与组织有关的要点。从 6-4 节开始,将介绍一些解决问题的技巧。

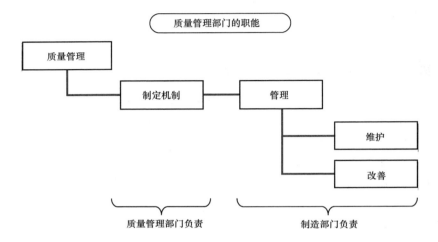

6-4 要解决的问题是什么?

如果没有问题,就不需要改善,只需要维持现状即可。下面先看看问题的定义是什么。

■■ 问题是指现状与理想状态之间的差异

人们身边就有很多问题,例如,天气预报说是晴天,结果是雷阵雨;感冒不见好转;无法通过考试。在工作中,也会遇到很多问题,例如,要求得不到答复;项目不能按计划进行;找不到合适的工具。

这些都表明,问题是指"现状"偏离"理想状态"。

在前面举的日常生活中例子中,事情本应该是这样的:正如天气预报所说,没有下雨;吃药后睡一晚上就能治好感冒;学习超过一定时间就能通过考试。而工作的例子中,事情本应该是这样的:有求必应;只要努力工作,事情就会按计划进行;工具一直在指定位置。

如上所述,人们会不自觉地画出理想状态的图景,认为到现状与理想状态之间的差异是问题。

■■ 没有问题的状况

既然问题="理想状态"-"现状",那么可能有下面四种没有问题的情况:

1)"现状"已达到"理想状态"。
2)并没有描绘出理想状态的图景。
3)没有用数值表达理想状态。
4)没有意识到问题的存在,或没有努力意识到问题的存在。

在这些情况下,第1种是最理想的。但现在时代变化很快,事物的理想状态也在变化。所以,即使现在的情况很好,但一个月、半年、一年后可能就不一样了。第2种由于没有理想状态,所以主要是维持现状,而不是改善现状。第3种没有量化,所以是基于感觉的模糊判断。最后一种对问题故意视而不见。

从上面可以看出,一个公司不存在没有任何问题的满分完美状态。要时刻描绘理想状态,并通过改善来达到理想状态。

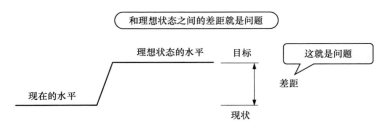

在企业活动中,不存在满分的完美状态

6-5 解决问题的步骤

解决问题时要按什么顺序推进？下面介绍步骤。

■■ 以 PDCA 循环为基础

第 5-2 节中介绍的 PDCA 循环是一种有效的方法，其不仅可以用来提高质量，还可以用来解决各种问题。

PDCA 即计划（Plan）、执行（Do）、检查（Check）、处理（Action）。通过依次进行，达到解决问题、提高水平的目的。之所以称其为循环，是因为它不仅是一次行动，而是多次反复。

■■ 原因分析是解决问题的关键

执行（D）的具体活动是分析原因、制定对策和实施对策。

这三步中，哪一步最难？经常听到有人说，他们很难想出对策，其中一个主要原因是他们不了解问题的原因。

因为不清楚问题的原因，所以只能通过假设来思考对策，这是很困难的。反之，如果能把握住原因，对策方案也自然就出来了。因此，原因分析非常重要。但是，要分析原因并不容易。因此，将在 6-6 节和 6-7 节中介绍这种原因分析的技巧。

■■ 不要用检查（C）和处理（A）来淡化问题

此外，要想把 PDCA 循环转起来也不容易。从制定计划（P）到执行（D），团队成员的士气高涨，但是这之后，往往存在实施效果不理想，或者即使效果很好，成员们满足于结果，不采取进一步行动的情况。很难将完成项目的动力保持到最后。

请记住，在 PDCA 中，检查效果（C）和处理（A）是最重要的踩点。而且，通过 PDCA 循环，不但可以完成任务，而且还可以强化团队的组织能力。

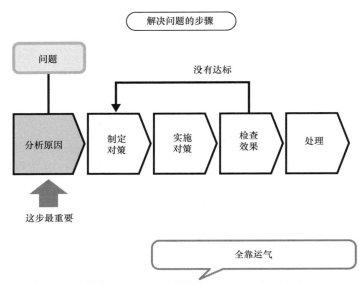

● 在不清楚问题原因的前提下制定对策，运气好的话可以解决问题，运气不好的话，永远也解决不了问题

■ 持续修订工作标准手册

改善取得效果后，一定要及时修订工作标准。

具体来说，是修订工作标准（见 1-6 节），并据此对所有相关员工进行教育和培训。

工作标准是对工作程序的详细总结，使每个人在任何时候，都能以同样的方式工作。教育和培训的目的是使员工能够按照这些工作标准工作。

在使用新工作标准的同时，要让员工们知道，如果他们想到了什么改善措施，应该随时提出建议。进而，通过这些建议持续优化工作标准。

在某知名企业，半年内修订一半的工作标准，每经过一年，工作标准就几乎全部翻新。

另一方面，如果一个人多年来一直使用同样的工作标准，那就意味着他没有做出任何改善。

■ 关于 QC 故事的注意事项

在前面已经介绍过，QC 故事是 QC 界广为人知的解决问题的程序。其实 QC 故事也是按照 PDCA 循环的流程推进的。

在下页的图中，按照从①到⑩的顺序依次推进来解决问题。

③设定目标和④制定计划不需要决定细节。只要说："让我们这些成员组成一个团队，本着半年内把这个产品的不良减少 30% 的精神来工作！"就可以了。这足以表达意图。

这是因为可以在⑤分析和把握现状时，运用帕累托图等方法，明确不良项及其发生频率，从而明确努力的目标，并通过 6-6 节的原因分析预测出改善的效果。

随着 QC 工作推进，通过对目标和所需时间的了解，可以相应地更新计划。

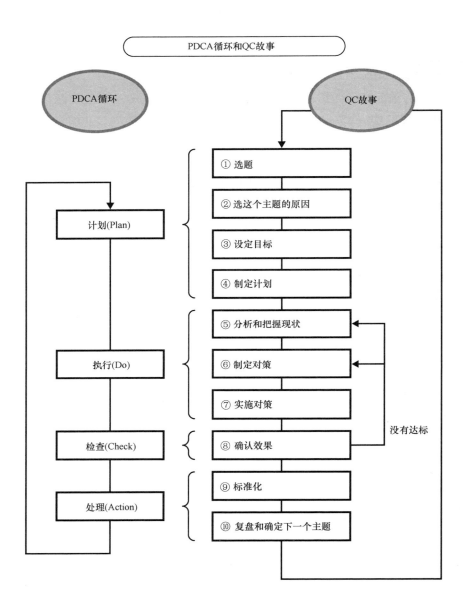

6-6 原因分析比探讨对策更重要

改善时最重要的工作是原因分析。以下是原因分析的一些技巧。

■■ 人们会根据直觉制定对策

遇到问题时，人们会根据直觉想到对策。例如，如果担心睡过头，可能会得到这样的建议："早点睡觉！"而如果担心在电脑上输入信息会出错，可能会得到这样的建议："打完字后一定要检查。"

■■ 原因分析最重要

但是，最重要的工作是掌握问题的原因。举个例子，如果细想想上一个例子中睡过头的原因，发现可能不是因为前一天晚上熬夜，而是因为夏天天热空调却坏了，或者新买的枕头不适合自己，所以睡不着。

针对这些原因的对策是完全不同的，比如维修空调或更换枕头。所以如果不找准原因，措施就没有用。

■■ 计算机输入错误的原因分析

先假设，解决电脑录入错误的建议是输入信息后检查。不可否认，检查是发现已经发生的错误的有效手段，但除此之外，还需要考虑防止错误本身发生的对策。为此，需要掌握输入错误的原因，如以下情况：

- 原稿文件中的文字颜色太浅，以至于被误读。
- 原稿中的内容本身就是错误的。
- 电脑屏幕太脏了，以至于没有注意到自己打错了 6 和 8。

- 键盘反应迟钝，如果不用力按下去，就无法完成输入。
- 另一方面，键盘的反应太灵敏，导致重复输入。
- 工作区灯光昏暗，原稿阅读困难。

如上所述，有很多可能的原因。根据原因不同，对策也完全不同。所以，需要找到原因后，再考虑对策。

抓住真正的原因

要找到问题的原因，关键是要重复问为什么。这个方法广为人知，被称为"为什么分析"或"问五次为什么"。重复问为什么的目的是制定可靠的对策。

来看一个例子。假设水龙头漏水。原因是水龙头（手柄）关闭不严。这时，与其马上想对策，不如调查水龙头为什么关不严，进一步寻找原因。

拆卸水龙头时，发现密封圈上附着了异物。当在显微镜下检查异物时，发现水管的内表面出现表皮剥落。进一步，在调查内表面的表皮为什么会剥落时，发现是水管已达到使用寿命。

重复问为什么的理由

通过重复问为什么，终于发现了"水管已达到使用寿命"这一问题。换句话说，导致水龙头漏水的真正原因是水管已达到使用寿命。由于已经超过了水管的使用寿命，水管内表面出现剥落现象，然后黏附在水龙头的密封圈上，导致水龙头关闭时也会漏水。

通过分析问题的原因，可以看出更换水管是最有效的措施。

"五次"这个次数并没有什么深意，但是在很多情况下，只要重复问五次为什么，就会找到真正的原因。

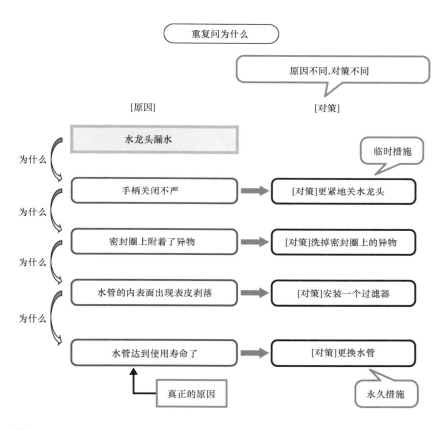

▆▆ 区分临时措施和永久措施

在前面的例子中，看到有效的措施是更换水管，但更换水管需要很多的时间。因为在更换完成之前，水龙头不能一直漏水，所以要采取比平时更紧地关水龙头，洗掉密封圈上的异物等措施。但是，这些措施的效果只是暂时的，过段时间又会漏水，所以只是临时措施。

暂时用这个临时措施来渡过难关，同时把更换水管作为永久措施。像这样，在认识到临时措施和永久措施的区别的前提下采取措施。当然，如果能够立即实施永久措施，就没有必要采取临时措施。

而如果更换水管在时间和成本上都不可行，永久的解决办法就是退一步，安装一个过滤器。

另外，永久性措施在 ISO 术语中被称为"纠正措施"。

前面用身边的例子介绍了原因分析的方法，在改善活动中，这种原因分析是成功的关键。不仅仅是质量改善，现场的工作改善和办公室的工作改善也是一样的，所以请大家牢牢记住这些技巧。接下来，将在6-7节介绍另一个原因分析的技巧。

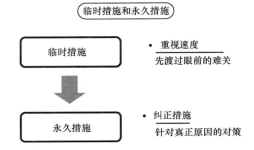

在认识到临时措施和永久措施的区别的前提下采取措施

6-7 原因分析由纵向和横向两个方向开展

这节是原因分析技巧的续篇。是负责人要特别注意的技巧。

■■ 原因不一定只有一个

例如，在涂层过程中，会出现小的异物附着不良。当把异物一起涂上时，就会出现小突起。这里，利用第5章介绍的特性要因图和系统图找出可能的原因。

首先想到的是，进行涂层的工作区域的清洁度。如果环境粉尘较多，在喷涂过程中，灰尘和污垢会夹杂在一起。另一方面，即使环境再好，在上一道工序时，产品上可能已经附着了异物。或者，有可能是涂料本身混入了异物。

如上所述，问题的原因很多时候都不只是一个。请大家在进行原因分析的时候，要特别注意这一点。

■■ 从纵向和横向两个方向来分析原因

综上所述，可以看出，在原因分析时，要注意原因不一定只有一个，以及要重复问为什么。

因此，在进行根本原因分析时，要注意纵向地找出可能的原因，以及横向地重复问为什么，细节如下页图所示。

在前面的涂层异物不良的原因分析中，首先从纵向找出了多个成因。分别是涂层环境、前道工序的附着和涂料中的污染。

另外，每个为什么可以横向展开。原因不一定是一个，所以将可能的原因纵向展开。在分析原因时，要意识到纵向和横向，就像是树干上枝叶舒展的样子。

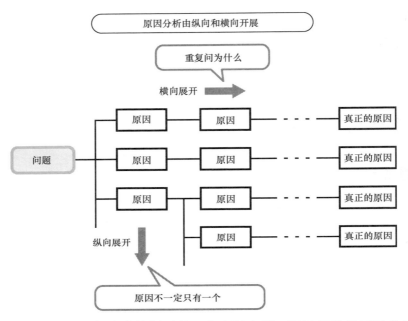

这个涂层异物黏附的例子是一个实际案例，通过用帕累托图来显示各个原因的发生率，首先关注前两个项的改善。由于前两项不良占总不良的 60%，所以改善效果很大。

■■ 无论如何都找不到原因的情况

有时即使列出了可能的原因，也不能确定不良的原因，可以通过极端地增加或减少可能原因的条件，确认不良发生的程度。如果观察到了变化，接下来就可以通过观察实际现场的变化找到新线索。

与其因为不知道问题的原因而无从下手，不如先行动起来，得到一些这样的线索。

6-8 提高制造质量的推手是谁？

制造质量是在现场得到的，但它不能仅靠生产部门的努力来实现，需要全公司的共同努力。

■■ 问题在现场表面化

人们往往认为，制造业的质量是由生产现场的工人创造的。那么，只要工人的努力就足够了吗？在考虑这个问题的时候，有一个重要的事情：事实上现场是公司问题最明显的地方。

制造业的流程可以大致写为，策划→概念→开发设计→采购→零部件加工→装配→调试→出货检查→销售。由于从策划到开发设计的过程是一个创造性的活动，所以问题并不容易被发现，而在制造现场的零部件加工、装配、调试中，因为作为实际产品可见，所以容易发现问题。

■■ 上游流程的问题

例如，设计图样的不良检查和纠正有一套图样检查（即设计质量检查）制度。但如果有疏忽，那么图样传到制造现场，在零部件加工和装配过程中才发现加工困难、形状误差、尺寸误差等设计问题。

工艺条件非常苛刻，在开发设计时，生产 10 个样机只有 1 个良品，那么即使这个产品交给制造部门，也只能是同等的水平。

另外，如果采购安排的原材料的件号或数量有误，也往往在现场加工、装配时才能被发现。

■■ 销售的问题

与销售的协作也很重要。如果突然有订单进来，现场的生产线流转就会变得不正常，出错的风险也会增加。另外，当订单超过生产能力时，可能会召集其他部门的成员来支援制造部门。如果对工作程序的教育和培训不够，就有可能出现质量问题。

大家可以看到，公司的问题虽然仅仅是在现场表面化，但人们直觉上往往认为问题的原因出自发现问题的地方。

所以，不是仅依赖制造部门，而是需要整个公司共同打造制造质量。

■■ 制造方法在产品开发时确定

在制造中需要采用加热或施压等制造方法时，需要满足加热温度、加热时间、压力值和压力时间等工艺条件。制造产品仅有规格和图样是不够的，必须明确制造方法的工艺条件。这些条件需要通过反复试制来得出。

理想的工艺条件是，容易达到目标值，并有足够宽的公差。例如，两个加热温度的目标值和公差范围分别是 50℃±10℃ 和 200℃±2℃，这两个条件的实现难度是完全不同的。这些需要在开发设计阶段确定。

■■ 机械加工的加工条件由制造部门决定

另一方面，生产零部件的加工条件由制造部门的人员来决定。加工条件包括使用的机床类型、刀具类型及其转速、切削量等。制造部门的人员的技能是看清图样，选择合适的机床和刀具，在最佳条件下迅速完成加工工作。

6-9 传递易制造性

如果制造简单,那么每个人都可以在任何时候快速做出同样的东西,而且没有不良。

■■ 现场是信息的源头

在 6-8 节中解释说,现场是问题最明显的地方。所以,现场应该发出制造简单的要求。例如,对开发设计部门要求易于制造的设计,对生产技术部门要求易于使用的设备和夹具,对材料采购部门要求优质且交付期短的原材料,对销售部门要求订单信息的高准确性,从而实现易制造性的构建。

■■ 在开发和设计阶段,积极让制造部门参与

现场要求易制造性的方法有两种:并行工程和设计评审。

在 6-8 节中解释过,易制造性是由开发设计决定的,但实际上,在开发设计中,优先满足的是性能和功能,而易制造性往往是次要的。

为了解决这个问题,制造部门等相关部门需要积极地参与开发设计队伍,力求在进行开发设计时,不仅要考虑性能和功能,还要考虑易制造性,这就是所谓的并行工程。这种方法的目的是无障碍地开始量产,在最短的时间内提高 QCD。

■■ 积极利用设计评审机制

如果不能如上述那样深度参与开发设计,那么参加设计评审(Design Review,DR)也是有效的。DR 是在开发设计的中、后期检查制造难易程度的机制,并指出存在的问题,提供建议。

在 DR 中,不仅有制造部门,还有材料采购部门、销售部门、安全卫生部门等众多相关部门,从各自的专业领域出发,对开发设计的

内容进行确认。

换句话说,被审核者是开发设计的负责人,制造部门等相关部门的负责人是审核者,在 DR 会议结束后,决定是否可以进行下一步的工作。审委会主席由有决策权的部门经理担任。

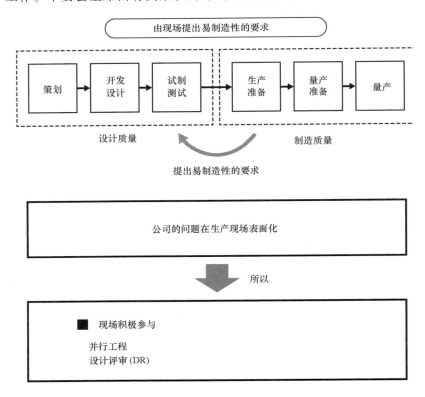

■■ 将问题彻底消除于初始期

来自制造部门和质量管理部门的 DR 参与者,提供以易于制造为重点的建议,即零部件的形状是否容易加工,公差是否达到了没有过度困难的水平;制造条件是否易于装配和调整。越容易制造,质量就越高。

如果发现致命问题,则需要另行应对,然后再进行一次 DR。虽然这延长了开发设计的周期,但在前期提高完成度,比起量产开始后发现问题再处理要有效率得多。

■ DR 的管理要点

DR 是一个非常有效的制度，但必须小心操作。有的情况下，参与者只指出问题，不提供任何对策或建议。例如，有的参与者只指出"这种形状难以加工，所以要重新考虑"或"这种形状可能有危险，所以要确保安全"等问题。

虽然这些都是有价值的信息，但开发和设计人员需要专家的具体意见和建议。不希望出现这样的情况：收到了很多 DR 的建议，但不知道该怎么做。如果结果是这样的话，开发和设计人员将会避免 DR，这样就得不偿失了。

简而言之，DR 是一种将人们聚集起来进行积极讨论，来提高产品完成度的方式。DR 会议的主持人应该努力引导各领域的专家，提出他们的观点以及具体的建议和解决方案。

小专栏

IT 系统解决不了机制问题

以计算机为基础的 IT 系统（信息系统）已经成为许多行业不可缺少的工具。其最大的效果是可以即时处理工作。例如，传真已经被电子邮件取代，手工绘图已经被 CAD 系统取代。

对于生产现场来说，有各种 IT 系统进行管理，如质量管理、生产管理、库存管理和计划管理等。这里所说的系统不是价格低廉的 Excel 等，而是价格昂贵的套装软件。这些都是提高生产效率的好方法，下面来确认一下，当考虑导入这些方法时，需要重点考虑哪些内容。

IT 系统对信息的处理有着巨大的效果。它能即时处理那些如果由人工进行需要花费大量时间的计算。但是，它们并没有解决机制的问题。一个常见的例子是，某公司引入了 IT 系统进行管理，但效果不佳，这是因为导入系统的流程顺序是颠倒的。

管理领域的问题大多出在机制上。除非改变机制，否则即使导入 IT 系统也解决不了问题。首先要深入研究公司的问题，明确原因。"为什么会出现不良？""为什么生产不能正常流转？""为什么库存会积压？""为什么工作不能按计划进行？"需要在现场反复检查这些问题，制定对策，完善制度。

机制没有一定之规，即使树干相同，每个公司的枝叶细节也不尽相同，所以企业的目标是打造适合本企业的管理机制。只有当这个机制建立起来之后再导入 IT 系统，才会物尽其长。

第7章

如何推进质量改善（二）

7-1 解决问题的关键词是分解

本章继续介绍推进质量改善的技巧。首先是分解和掌握现状。

■ 通过分解让问题可见

不仅仅是质量改善，解决任何问题的关键词都是分解。当很多事情交织在一起的时候，看起来很复杂，很难找到解决问题的线索，也不知道该怎么办。

通过分解，可以清楚地看到问题。本书的内容也是经过分解后介绍给大家。把内容分为以下几个方面，就能更好地理解：提高顾客购买欲的4P，创造利润的QCD，售管费和制造成本，设计质量和制造质量，外部不良和内部不良，维护和改善。

原因分析在解决问题时尤为重要。对原因也应如6-7节所述进行彻底的分解，同时要注意到纵向和横向两个方面。

■ 三实原则

改善工作所必需的态度是三实原则，三实就是实处、实事、实情。通过这个原则可正确地把握现状。

由于质量不良是在现场发生的，所以要来到现场，拿着不良品，同时，对工人进行访谈，亲自观察不良的发生情况。

这样掌握了事实之后，再讨论方案。如果在远离现场的会议室中，在既没有看到实际的不良品、也不了解现状的情况下，进行基于假设的讨论，就不能提高工作效率，所以需要本着这个三实原则来进行改善。

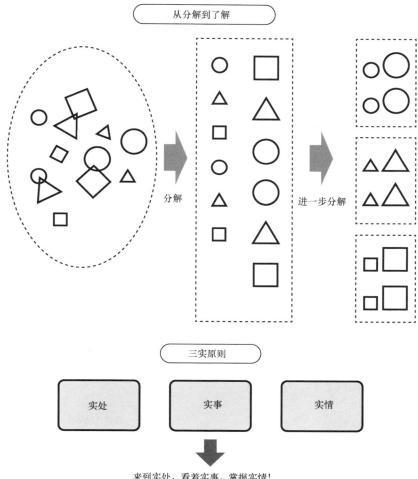

■ 不良率重叠造成的重大损失

每道工序的不良率,如果相互重叠起来,会造成重大的整体损失。生产现场有很多工序,在这里举例介绍一下。

考虑一条有 10 道工序的生产线,如果每道工序的良品率是 99%,那么 10 道工序的总体良品率是多少?简单来问,如果投入 1000 件材料,可以生产多少种成品?在这里,假设不良品不经返工就被丢弃。

如果投入 1000 件材料，第一道工序的成品是 1000 件×99%＝990 件，第二道工序的成品是 990 件×99%＝980 件。那么到第十道工序时的成品就是 904 件。换句话说，经过 10 道工序后，总体良品率下降到 90.4%。

如每道工序的良品率为 98%，10 道工序后良品率恶化为 81.7%。工序数越多，影响越大。随着工序数量的增加，影响越来越大。

因此，努力提高质量才是正道。另外，工序越靠后，不良品的成本越大，所以在后期工序中开始进行改善是比较有效的。

(不良率的影响)

各工序的良品率是99%，工序数是10

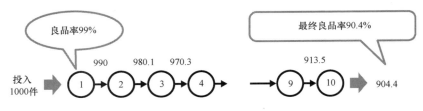

各工序的良品率是98%，工序数是10

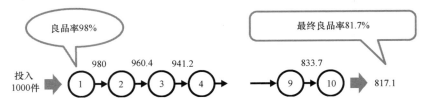

7-2 数据收集的注意事项

本节介绍数据收集和量化的注意事项。这是制造的基础。

■■ 数据收集应该规定时限

为了解现状，掌握改善效果，需要进行数据收集。如 5-5 节所介绍的那样，使用检查表进行数据收集，但应尽量减少填写的项目数量。

特别是在要求现场工人填表时，更应尽可能减少填写项。应该充分地认识到，这是工人在正常工作之外的额外任务。因为数据收集比坐在办公桌前想象得要耗费更多时间。

决定数据收集的时限也很重要。如果不决定一个时限，可能会陷入无休止地收集数据的情况。根据经验，一般收集两到三天就能掌握实际情况，最多不会超过一个星期。

在分析完这次数据的结果后，再根据需要进行额外的数据收集也可以，但不建议进行以月为单位的长周期收集。

■■ 改善可能会导致数据变差

在收集反应改善结果的数据过程中，可能会出现使用的方法或测量程序与改善之前不同的情况。在某些情况下，"良品率"和"成品率"的定义可能需要修改。

获得的新数据可能会因为假设的前提条件不同，出现与以前的数据相比恶化的情况。在向上级或相关部门汇报时，要注意对新数据进行注释。

■■ 利用 Excel 表格

可以使用 Excel 表格计算数值，并制作本书介绍的图表。这款软件是普遍应用的电子表格软件，所以可以放心使用。虽然原始数据需要手工输入，但一旦输入，就可以一键进行平均数、范围、标准差等计算，并即时显示结果。

帕累托图、折线图、柱状图、饼状图、散点图和直方图等都可以通过 Excel 表格轻松制作。

也可以很方便地将问题点、原因分析、对策、负责人和日程安排等整理在 Excel 表格中。因为可以根据自己的需要增加或删除表格，所以非常适合管理项目的进度，比如可以随时输入项目的状态，而且可以对已经完成的项目着色。另外，强烈建议将表格的信息进行集中管理。

另一方面，Word 是一个文档创建软件，但是并不适合管理信息，因为它不能自动计算输入的数值，而且制作表格很耗时。

如果原因出在硬件技术，则应制定长期策略

运用帕累托图等方法，从影响最大的问题着手是有效的，但要确定问题的原因是否包括硬件技术。

比如说，如果问题出在镀膜工艺上，即使在按照既定程序进行工作的情况下仍出现不良，则需要技术专家来解决问题。必须对电流密度、镀液酸度和温度进行优化，找出最佳值。这是技术人员的职责，同时也是一项费时费力的长期工作。

如果原因出在管理，则应立即采取行动

另一方面，如果不良的原因是没有按照工作标准进行工作，这属于管理问题，可以由实际操作人员或质量管理负责人解决。

例如，如果不良的原因是电镀时间不一致，而造成电镀时间变化的原因是小闹钟，导致了误读或忽视了时间，则可以考虑换成大的数字钟或使用时间到了就会响的厨房定时器等措施。如果成本允许，也可以考虑在电镀设备中加入定时器进行自动管理。这些与电镀的具体技术无关，可以由现场主导实施。

确定问题的原因很重要，因为解决硬件技术问题一般是长期任务，而解决管理技术问题是短期任务。

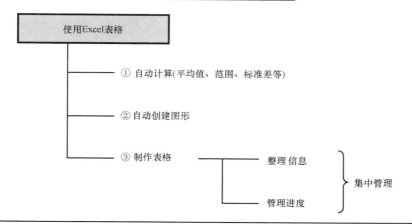

■■ 什么是集中管理？

在一个地方集中管理数据。例如，当人们要查看谈判进度时，如果需要看多份文件，就会感觉无从着手；而如果把数据集中在一份文件中，任何人都可以无障碍地查阅。

7-3 从教育和培训开始

工人的技能是稳定制造质量的最重要因素。本节介绍这方面的教育和培训。

教育和培训要分开

在日常生活中经常使用"教育培训"这四个字。但是,在制造业领域,将教育和培训区分开是非常重要的。

教育是把工人不懂的内容教给工人,培训是确保教给工人的内容,工人能做到。

假设想让工人学习一种新的工作方法。在一起看工作标准的同时,一步步讲解工作内容,并在他们眼前示范如何做。这就是教育。

但是,这样不但不知道操作者是否理解,更不知道操作者是否能真正做到。所以,企业要提供培训,看着工人操作,同时给出具体意见。因为只做一次,很难达到要求,所以要多次重复,直到达到指定的质量。

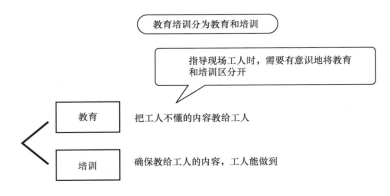

教育培训分为教育和培训

指导现场工人时,需要有意识地将教育和培训区分开

教育 —— 把工人不懂的内容教给工人

培训 —— 确保教给工人的内容,工人能做到

如何进行教育和培训

以下是教育培训的流程。

<进行教育的流程>
1)边看工作标准边讲解。
2)讲解员实际操作并且做示范。

<进行培训的流程>
1)要求工人边看工作标准边做。
2)讲解员在表扬的同时,给出详细的建议。
3)确认工人可以在没有建议的情况下独立进行操作。
4)在没有熟练掌握之前,不要要求速度,要告诉工人,质量是第一位的。

一开始不要要求速度。如果优先考虑速度,那么牺牲质量的风险很大,所以一定要告诉工人,在初期阶段慢也不要紧,但是要遵守程序。

随着工作经验的积累和熟练度的提高,速度自然会提高。如果掌握后工作速度也没有提高,那可能是对工作方法掌握得不好,需要在检查实际工作情况之后,再进行一次培训。

检查教育和培训的成果

当发现不良是由工作方法造成的时,必须重新确认教育和培训是否达到了要求。如果不把教育和培训纳入系统,当工人发生变化时,同样的问题会再次出现。

最重要的是,要避免将培训不到位的问题归咎于个别工人。在很多情况下,问题不在于工人个人,而在于培训系统。

7-4 如何最大限度地减少人为因素的影响？

工人在工作中会产生差异，这是不可避免的，目标是尽量减少这种情况。

■■ 工人之间的差异

虽然人的因素不会影响到以设备为主的生产线，但很多生产操作都是人工进行的。

人具有设备所不具备的灵活度。人可以在不产生成本的情况下随机应变，并且可以在工作中进行改善，而更换设备需要花费大量的成本和时间。

另一方面，人的工作会产生变化。不但工人之间存在差异，即使是同一个工人，每次的操作也不完全相同。

改善的方法之一，是把做得最好的熟练工人的操作方法作为示范案例。

■■ 以最佳工人为示范案例

目标是尽快达到理想的水平，虽然熟练度和经验会让企业接近这个目标，但是这还不够。

作为实现这一目标的措施，应将最佳工人作为示范案例，明确与其他工人的区别。例如，在从箱子里取出一个零部件的工序，逐一观察箱子的位置和零部件的位置、双手的动作、动作的时机、手指对零部件的接触等。这就是操作分析。

通过比较，区别就很明显了，对工人进行教育和培训，让他们了解这些差异。

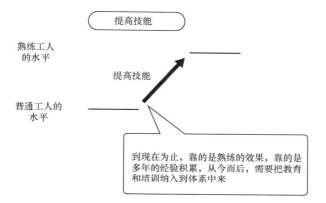

■■ 拍摄视频要事先通知工人

在操作分析中，有一个方法就是拍视频。这是一种拍摄后通过慢动作回放观察操作的方法。

但在拍摄视频时，请提前告知操作工人拍摄的目的。不要在隐蔽的地方拍摄，以免工人不知道。如果操作工人或其他工人注意到镜头，他们可能会误解自己被监控，这可能会动摇信任关系。

当被镜头对着的时候，人们一开始会有意识，但一般情况下很快就会习惯，恢复正常工作，所以不必担心。

7-5 感官检查的注意事项

> 虽然概念很简单,但要在一朝一夕之间掌握感官检查的技巧并不容易。

■ 发生外部不良时,强化检查标准

当外部不良发生时,会采取各种对策,3-5 节所述的用五官判断的感官检查的标准往往会更加严格。

在众多的产品中,为了应对一小部分对质量要求很高的顾客,对整个公司的检查标准做得太严格,那么对其他顾客来说,会产生质量过剩。但是,为每个顾客单独制定检查标准是不现实的。

因此,一种思路是将检查标准分为优质级和一般级两个等级,对目标产品群体进行分组。下面的图是感官检查中两个分级的例子。

■ 难住检查员的感官检查

感官检查在现场是一项非常困难的任务。这是因为它依赖五官,而依赖五官必然导致差异。检查水平因人而异,即使是同一个检查员,由于身体状况的不同,也不可能期待 100% 的完美检查。作为对策,企业通过使用显示好的或坏的极限样品对工人进行教育和培训,通过这种方式尽量减少差异。

■ 感官检查存在重复检查的问题

另一个对策是让另一个检查员用同样的标准对检查合格的产品进行重新检查,但这种多次检查的效果并不好。

原因就在于检查员的心理。如果有双重检查,检查员会认为即使漏掉一个不良品,也会在第二次检查中发现。另一方面,排在后面的检查员认为,如果漏检了一个不良品,他不需要负全责,因为到他面前的产品是上一次检查合格的产品。不管是谁,都会有这种自然产生

的感觉。

因此，作为外部不良发生后立即采取的临时应急措施，双重检查是有效的，因为检查标准往往较高，但作为永久性措施，它只是增加了检查成本，却不会有明显的效果。

检查的自动化在 7-7 节介绍。

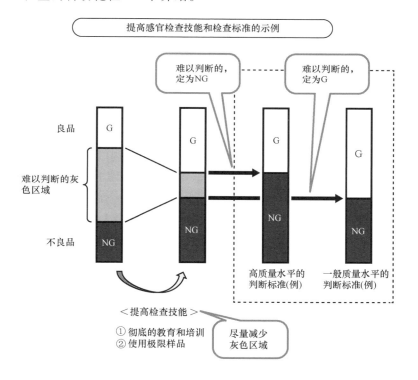

7-6 Poka-yoke 防止无心之失

以每个人都会犯错误为前提，引入一种机制来防止这种不小心的错误。

■ 每个人都会犯错

从一个重要前提出发去思考，那就是人不管多负责任和多注意，都会犯错。否则，当问题发生时，往往是精神论反应，追究某个具体的人，或者是号召"把精力投入进去"等错误的对策。

但是，这种事后究责的机制是不合理的。对策之一是"Poka-yoke"，这里，"Poka"是错误的意思，"yoke"是避免的意思。

Poka-yoke 不仅可以防止不良，还可以减少工作时间，确保工人的安全。

■ Poka-yoke 防止无心之失

Poka-yoke 对策是一种防止错误发生的机制。其实，在日常生活中，有很多 Poka-yoke 的例子。

例如，一辆汽车的设计，除非档位在 P（驻车）位置，也就是制动状态，否则发动机不会起动。另外，如果数码相机和摄像机的充电电池正负极方向错误，则无法装入电池。这些都是防止人们粗心大意犯错误的措施。将 Poka-yoke 融入产品设计和设备、夹具设计，可以防止不良，确保安全以及防止设备损坏。这类 Poka-yoke 也被称作失效安全设计。

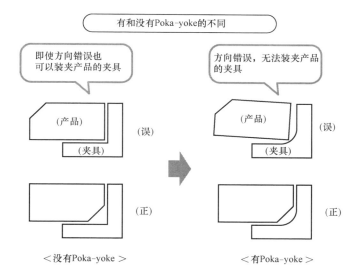

■■ Poka-yoke 对办公室工作也有效

Poka-yoke 不仅可以应用在有形的事物上，也可以应用在办公室工作中。如果在互联网上输入个人信息或调查结果时有遗漏，会出现警告信息，无法进入下一页。这也是一种 Poka-yoke，有助于提高输入工作的质量。

■■ 什么是失效安全设计？

简单介绍一下失效安全设计。失效安全设计经常和 Poka-yoke 一起介绍。

失效安全设计是指设备或夹具在运行过程中出现问题时，将其控制在安全一侧的设计。碰倒后会自动熄灭的炉子，温度超过一定程度就会保护性断路而停止的吹风机，都是基于这种设计理念制造的。

此外，铁路道口的断路器，当发生停电时，会因重力作用而下降并保持向下状态，以确保安全。

7-7 夹具化/自动化与质量改善

下面介绍通过引入夹具和设备自动化来提高质量的例子，以及在此过程中的注意事项。

■ 对复杂加工工艺推进自动化是有效的

制造方式可以分为手工作业、夹具作业、半自动化和全自动化作业三个层次。自动化的目的是提高生产能力（增加产量），节省人力来降低制造成本；同时自动化对质量也有影响：工艺条件的稳定性和自动检查不良。

产品制造中的加工方法有很多种，包括应用压力和热量的加工，以及切割、胶合和螺纹联接等。这些工序的性能是制造质量的根本，所以力求加工稳定。如果这些工序是手工完成的，就需要技巧，也会产生差异。

相比之下，自动化则是稳定的，因为加工条件是由数值自动管理的，操作者一旦学会了如何操作机床，无论其熟练程度如何，都可以立即开始生产。这样一来，自动化在复杂高级加工方面就有了很大的优势。

■ 自动检查

如 3-7 节所述，自动检查的优点是：防止不良品流向下一道工序；通过在加工后立即用传感器检查，及时判断质量是否可以接受，进而实时找出不良的原因并采取对策。自动检查功能对尺寸、质量、频率等可以用数字来判断的项目有效。能保证测量的稳定性，防止人为误读测量值等粗心大意导致的错误。

另一方面，划痕、漆色薄、异物附着等难以量化。如果想实现这些内容的检查自动化，可以考虑引入图像处理检查系统。相应案例在后面介绍。

■ 用夹具减少误差

另一方面,夹具在防止误差方面的效果也值得期待。

例如,如果想将压力均匀地施加到产品的整个表面,可以使用市面上的偏心压力机(见下面的图),即使是手工也能进行稳定的加工。与自动化相比,夹具的安装更容易,成本也更低。

■ 检查时也要利用夹具

夹具也是一种有效的检查手段。例如,用限位塞规来检查孔径(见下面的图)。

限位塞规的一面是通面,用于检查孔是否切得太小,另一面是止面,用于检查孔是否切得太大。换句话说,如果通面进入孔内,而止面没有进入,则该产品合格。这样,任何人都能很容易地判断合格和不合格。

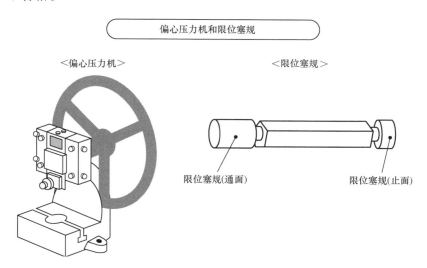

偏心压力机和限位塞规

<偏心压力机>　　<限位塞规>

限位塞规(通面)　　限位塞规(止面)

■ 装卸时同步目视检查的益处

如果每道工序的装卸都是人工完成的,则可以同时进行目测检查。这样,装工件时的检查就变成了上一道工序的收货检查,卸工件时的检查就变成了下一道工序的出货检查。由于这种检查是在装卸的同时进行的，所以所需的检查时间非常短，是一种非常有效的操作。

■■ 推进自动化时要先考虑半自动化

在考虑自动化的时候，有一种想法是加工自动化，但要手动进行装卸。换句话说，就是半自动化。其一大优势是设备成本比全自动化低很多。

以下是一个例子：
1）将自动化范围缩小到只是加工自动化（半自动化）。
2）自动检查不良功能（不含感官检查）。
3）装卸工作由人工完成。
4）前道工序的验收检查在装工件工序时，通过目测进行。
5）下一道工序的出货检查在卸工件工序时，通过目测进行。

■■ 图像处理检查的难点

自动感官检测，因为难以数值化，一般是通过读取摄像头拍摄的图像来进行的。

在这种方法中，将图像分成小部分，通过计算机算法来判断合格与否。良品和不良品的区分是通过调整判断标准来实现的，这个判断标准被称作临界值。检查系统的判断能力值可为良品中的不良品混入率和不良品中的良品混入率。

产品经过自动检查后，分别归入良品箱和不良品箱。良品中的不良品混入率是指良品箱中混入的不良品的占比，不良品中的良品混入率则相反。

由于引入检查设备的目的是彻底清除不良品，所以将良品中的不良品混入率设定为尽量接近于零。但是，这时的问题是不良品中的良品混入率大幅增加。如果这种趋势持续下去，再好的产品也会被当成不良品，造成大量的浪费。但是，又不能因此放宽判定标准。

■■ 多费两遍事导致大幅降低生产能力

一个可能的解决方法是，将放置在不良箱中的产品重新放入检查系统中进行复检。这样可以分辨出一部分良品。

因此，如果想把良品从不良品中分辨出来，可以把产品一次又一次地送入检测系统，但这将大大损害这个检查过程的检查能力。此外，配备摄像头的图像处理设备价格昂贵，所以性价比不高，同时也增加了操作人员的时间和精力，从而增加了生产时间。因此，导入图像处理检查设备并不是一件容易的事。

在引入检查设备时，必须将这种分拣能力列入设备验收检查的项目中，即使是内部开发的设备，也要提前设定混入率的目标值。

7-8 推进质量改善的流程图

这一章要结束了,最后,为那些第一次从事质量改善工作的人介绍一个实例。

■■ 推进改善的流程图

流程图以图形的形式显示工作的程序。由于直观易懂,所以也可以作为工作标准。

本节展示了质量改善的主要流程,请大家参考,并尽快迈出改善工作的第一步。

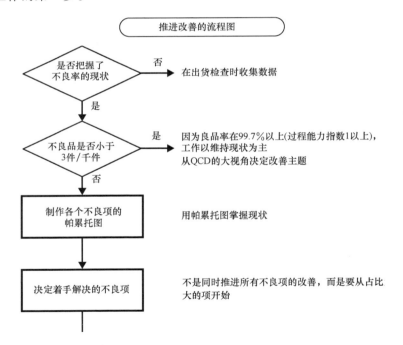

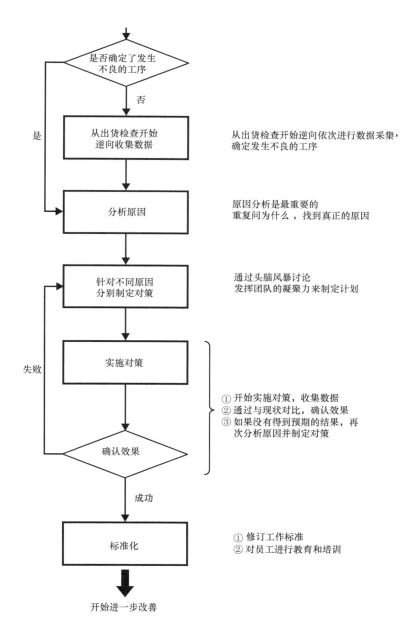

面向未来继续提升

■ 本书对于学习基础知识来说足矣

必须付诸实践，才能取得成效。要做到这一点需要达到什么知识水平？这是个问题。关于基础知识，本书的内容足以作为指导。

此外，获取资格证书也是确认自己知识水平的一种有意义的方式。在质量管理领域，有日本标准协会的质量管理认证（QC 认证）。这里建议大家考取它的三级认证，这是一个能很好地覆盖基础知识的等级。

另一方面，从题型范围可以看出，二级认证包括了检定-推定、相关分析、回归分析、实验设计、可靠性工程等统计学知识。如第 5 章所述，这些统计学知识大多使用频率不高，所以第三级认证就足够了。

掌握了基础知识后，就要立即到现场实践，因为通过使用才能真正掌握新知识。以提高质量为目标，争取快速见效。

■ 进一步加深学习

学习了质量管理的基础知识之后，建议学习制造成本（C）和生产周期（D）方面的知识，即如何做才能使产品尽可能便宜，缩短生产周期有什么好处，以及如何将想法付诸实践的相关知识。广博地掌握这些 QCD 知识，就能从更大的视野和角度提高制造效率。

下面列出一些可以帮助学习的书籍。

■ 对制造业有帮助的书籍

《丰田生产方式》，大野耐一，Diamond 出版公司

丰田汽车公司被称为拥有世界上最高的制造水平。这本书是由发明这个生产方式的人执笔的，虽然书名是丰田生产方式，但高效生产的思维方式不仅可以作为汽车行业的参考，也可以作为其他行业的参

考。这是一本制造业领域的经典，强烈推荐大家阅读。

《生产管理学概论Ⅰ》《生产管理学概论Ⅱ》，藤本隆宏，日本经济新闻出版公司

这两本书都有近 400 页的篇幅，是生产管理领域的名著，也是大学经营工学课程的教材，Ⅰ和Ⅱ分别是生产系统篇和生产资源与技术管理篇，重点推荐Ⅰ，因为它可以让读者快速了解制造业的理想状态。作者虽然是研究人员（东京大学研究生院教授），但对这个领域非常了解，内容不但逻辑性强，而且实用性也很强。这本书还可以帮助读者整理目前所掌握的知识。

《一点点的改善就会改变你的公司》，柿内幸夫，经团联出版公司。

改善的难点在于实际站在现场应该如何思考和行动。尤其是，如何调动人的积极性，这往往比学习理论要难得多。需要从细微处改变，打造一个强大的职场。本书充满了作者对制造业的热情，并通过许多实例讲解了这方面的实用技巧。

《质量管理的统计方法》，永田靖，日本经济新闻出版公司

在掌握基础知识后，学习检定-推定、实验设计、田口方法等统计学时，其诀窍在于先掌握全局概况。这本书篇幅不大，容易阅读。建议用这本书中的方法把握住重点后，再去读各个方法的专门书籍。

结　　语

如何提高销售额，这是一个没有唯一正确的答案的问题，因为它受时代背景、经济趋势以及汇率的影响很大。在过去，既有多元化管理备受赞誉的时代，也有专攻某一专业领域的管理备受重视的时代。

相比之下，现场为了创造利润而瞄准的方向则始终是 QCD 改善，并不需要过多地考虑外部影响。我想关于这一点 10 年、50 年后都不会改变。

当你读到这本书时，你有什么感受？质量管理是一个深奥的领域，我写这本书是希望能让大家对它有一些熟悉感。

特别是对于那些第一次被任命为现场负责人或 QC 圈负责人后有些紧张的人，如果通过阅读本书，能够少想多做，积极主动地开始改善，我会很高兴。

为此，解释时着重强调了质量改善。请大家以团队的形式，重点突破不良项的第 1 名和第 2 名，这样改善的效果会很突出。

祝愿各位读者在今后的工作中一帆风顺。

最后，每次与编辑部的工作人员见面，他们都给了我热情的建议和鼓励，在此，我表示衷心的感谢。

西村仁